1 Ernährung bei Leber - Gallenblase Qi-Leere

Diese Empfehlungen bitte immer mit dem TCM-Ernährungsberater/in, oder TCM-Arzt/in absprechen! Die Rezepte und Zutatenlisten unterstützen die Therapien nach der Traditionellen Chinesischen Medizin.

Die Kalorienangaben frischer Zutaten (Obst und Gemüse) schwanken je nach Qualität und Erntezeit. Die Inhalte wurden von einer Diätologin und einer Ernährungsberaterin für die Traditionelle Chinesische Medizin (TCM) geprüft.

Autor & Design:
©2016 Josef Miligui
www.ebns.at

Quelle:
Die Listen werden aus der TCME-Datenbank für die Ernährungsberatung generiert. Die Datenbank wird von Ernährungsberater, Therapeuten, Ärzte und Gastronomiebetrieben für die Beratung der Patienten/Klienten und Gästen verwendet.

Literaturliste:
Wir haben die Unterlagen als Wissensbasis genutzt und an unsere Erfahrungen angepasst und ergänzt.
http://ebns.at/index.php/de/datenbank/literaturliste

Herstellung und Verlag:
BoD – Books on Demand, Norderstedt
ISBN: 9783741281518

TCM - Ernährung bei- Leber - Gallenblase Qi-Leere
(Buch: 221)

2 Definition der möglichen Symptome

Befragen
Allgemein
  Ängstlichkeit, Angst Entscheidungen zu treffen, Nervosität, seufzen, Schreckhaft, mutlos, Selbstzweifel
Empfindung
  Schwindel
Sehen
  unscharfes Sehen

Pulsdiagnostik
Puls
  schwach, besonders in Holzposition

Zungendiagnostik
Zunge
  normal, ev. Blass

1 Ernährung bei Leber - Gallenblase Qi-Leere 1
2 Definition der möglichen Symptome 2
3 Therapiestrategie 5
4 Vermeiden 5
5 Speiseplan 5
   5.1 Frühstück 5
   5.2 Jause 6
   5.3 Mittag 6
   5.4 Nachmittag 7
   5.5 Abend 7
   5.6 Jederzeit 8
6 Rezepte 9
   6.1 Acht Schätze Reis 9
   6.2 Adzukibohnen-Reis-Suppe 10
   6.3 Antipasti 10
   6.4 Apfelmus mit Rosinen 11
   6.5 Basmatireis + Zucchini-Tofupfanne 11
   6.6 Brennnessel mit Mangold Suppe 12
   6.7 Couscous-Salat 12
   6.8 Erdbeersuppe mit Melonen 13
   6.9 Feigen mit Mozzarella und Honig 14

6.10	Fischsuppe mit Rosmarin	14
6.11	Frühlingssalat	15
6.12	Gegrillte Tomaten mit Käsefüllung	16
6.13	Gemüsesaft Getränk	16
6.14	Geriebener Apfel	17
6.15	Geröstete Haferflocken mit Weintraubenkompott	17
6.16	Geröstete Hirse mit Stangensellerie	17
6.17	Gerstenschrotsuppe	18
6.18	Getreidekaffee mit Kardamom	18
6.19	Götterspeise	19
6.20	Heilbutt mit Tomaten-Knoblauch-Sauce	19
6.21	Hirse mit Ei und Butter	20
6.22	Hühnersuppe mit Angelikawurzel und Bocksdornfrüchten	21
6.23	Hühnersuppe mit Eigelb und Petersilie	21
6.24	Hühnersuppe mit Grünkern, Petersilie und Sake	22
6.25	Hülsenfrüchte	22
6.26	Humus	23
6.27	Indische Dalsuppe	24
6.28	Kabeljausuppe mit Tomaten	25
6.29	Karotten- Reisschleimsuppe	25
6.30	Karottendrink	26
6.31	Karottenrohkost	26
6.32	Kartoffel-Basilikumsuppe	26
6.33	Kichererbsengemüse mit Rosinen	27
6.34	Klassisches Ingwerhuhn mit Reiswein	28
6.35	Kompott aus Äpfel	29
6.36	Kompott aus Heidelbeeren	29
6.37	Kürbiscurry	30
6.38	Kürbis-Joghurt-Suppe	31
6.39	Kuzusuppe in der Früh	31
6.40	Linsen-Reis-Eintopf	32
6.41	Melanzani mit Olivenöl und Kurkuma	32
6.42	Misosuppe mit Tofu	33
6.43	Obstsaft Getränk	33
6.44	Preiselbeer-Joghurt-Mix	34
6.45	Quinoa pikant + Avocado	34
6.46	Reis mit gedämpftem Gemüse	35
6.47	Reis mit Pastinake	36
6.48	Reisbrei mit Orangenschale	36
6.49	Reis-Dulse-Suppe	37
6.50	Reissuppe mit Algen	37
6.51	Rettich-Apfel-Joghurt-Frischkost	38
6.52	Rettichgemüse mit Frühlingszwiebeln und Karotten	39

6.53	Rhabarber-Apfel-Grütze	39
6.54	Rosmarinkartoffeln	40
6.55	Rote Linsen mit Avocado und Rettich	40
6.56	Schwarzaugenbohnen-Eintopf	41
6.57	Schwarzwurzel mit Joghurt	42
6.58	Selleriesalat mit Zitrone und Olivenöl	42
6.59	Sellerie-Tomaten-Salat	42
6.60	Tee Anis-Tee	43
6.61	Tee Ginseng-Tee	43
6.62	Tee Grüner	44
6.63	Tee Hagebuttentee	44
6.64	Tee Salbeitee	45
6.65	Vollmilch-Getreide-Brei	45
7	Wirkung der Lebensmittel	46
7.1	Zutaten verwenden: empfehlenswert	46
7.2	Zutaten verwenden: ja	53
7.3	Zutaten verwenden: wenig	60
7.4	Kontraindikativ wirkende Lebensmittel nicht verwenden	62
8	Therapeutische Kräuter und deren Wirkungen	64
9	Kräuter aus den Rezepten und deren Wirkungen	64
9.1	Basilikum (frisch)	64
9.2	Beifuß	64
9.3	Bohnenkraut	64
9.4	Brennnessel	64
9.5	Koriander	64
9.6	Kresse	64
9.7	Lauchzwiebel Schnittlauch	65
9.8	Liebstöckel	65
9.9	Lilienzwiebel	65
9.10	Löwenzahn (junger)	65
9.11	Makannasternsamen	65
9.12	Petersilie	65
9.13	Pfefferminze	65
9.14	Rosmarin	65
9.15	Salbei	66
9.16	Sauerampfer	66
9.17	Thymian getrocknet	66
9.18	Yamswurzel, Yamswurzelknolle	66
10	Grundlagen der Ernährung	67
10.1	Ernährung	67
10.2	Rezepte	69
10.2.1	Rezepte nach Folge der Elemente kochen	70
10.3	Lebensmittel	70

10.4 Kräuter ... 72
11 Weitere Ernährungsvorschläge ... 73
12 EBNS - Software für die Ernährungsberatung ... 76

3 Therapiestrategie
Gallenblase stärken u wärmen

4 Vermeiden
Keine

5 Speiseplan

Kalorien

5.1 Frühstück

Adzukibohnen-Reis-Suppe	199
Apfelmus mit Rosinen	73
Couscous-Salat	338
Fischsuppe mit Rosmarin	271
Geriebener Apfel	120
Geröstete Haferflocken mit Weintraubenkompott	328
Geröstete Hirse mit Stangensellerie	400
Gerstenschrotsuppe	265
Getreidekaffee mit Kardamom	3
Hirse mit Ei und Butter	338
Hülsenfrüchte	31
Humus	542
Karottendrink	143
Karottenrohkost	74
Kartoffel-Basilikumsuppe	95
Kichererbsengemüse mit Rosinen	429
Kompott aus Äpfel	67
Kompott aus Heidelbeeren	49
Kürbis-Joghurt-Suppe	68
Misosuppe mit Tofu	52
Preiselbeer-Joghurt-Mix	57
Quinoa pikant + Avocado	561
Reis mit Pastinake	206
Reisbrei mit Orangenschale	119
Reis-Dulse-Suppe	190

Reissuppe mit Algen 130
Rettich-Apfel-Joghurt-Frischkost 77
Rhabarber-Apfel-Grütze 180
Rosmarinkartoffeln 188
Tee Grüner 2
Vollmilch-Getreide-Brei 205

5.2 Jause

Adzukibohnen-Reis-Suppe 199
Apfelmus mit Rosinen 73
Feigen mit Mozzarella und Honig 415
Götterspeise 60
Humus 542
Karottenrohkost 74
Reissuppe mit Algen 130
Rettich-Apfel-Joghurt-Frischkost 77

5.3 Mittag

Acht Schätze Reis 212
Adzukibohnen-Reis-Suppe 199
Antipasti 100
Apfelmus mit Rosinen 73
Basmatireis + Zucchini-Tofupfanne 145
Brennnessel mit Mangold Suppe 52
Couscous-Salat 338
Erdbeersuppe mit Melonen 87
Fischsuppe mit Rosmarin 271
Frühlingssalat 162
Gegrillte Tomaten mit Käsefüllung 469
Geriebener Apfel 120
Geröstete Hirse mit Stangensellerie 400
Gerstenschrotsuppe 265
Getreidekaffee mit Kardamom 3
Heilbutt mit Tomaten-Knoblauch-Sauce 319
Hirse mit Ei und Butter 338
Hühnersuppe mit Angelikawurzel und Bocksdornfrüchten 77
Hühnersuppe mit Grünkern, Petersilie und Sake 150
Hülsenfrüchte 31
Humus 542
Indische Dalsuppe 255
Kabeljausuppe mit Tomaten 176
Karottendrink 143

Kartoffel-Basilikumsuppe 95
Kichererbsengemüse mit Rosinen 429
Klassisches Ingwerhuhn mit Reiswein 357
Kompott aus Äpfel 67
Kompott aus Heidelbeeren 49
Kürbiscurry 193
Kürbis-Joghurt-Suppe 68
Linsen-Reis-Eintopf 232
Melanzani mit Olivenöl und Kurkuma 432
Misosuppe mit Tofu 52
Preiselbeer-Joghurt-Mix 57
Reis mit gedämpftem Gemüse 92
Reis mit Pastinake 206
Reisbrei mit Orangenschale 119
Reis-Dulse-Suppe 190
Rettichgemüse mit Frühlingszwiebel und Karotten 246
Rhabarber-Apfel-Grütze 180
Rosmarinkartoffeln 188
Rote Linsen mit Avocado und Rettich 268
Schwarzaugenbohnen-Eintopf 140
Schwarzwurzel mit Joghurt 284
Sellerie-Tomaten-Salat 245
Tee Grüner 2
Vollmilch-Getreide-Brei 205

5.4 Nachmittag

Apfelmus mit Rosinen 73
Feigen mit Mozzarella und Honig 415
Götterspeise 60
Humus 542
Karottenrohkost 74
Rettich-Apfel-Joghurt-Frischkost 77

5.5 Abend

Adzukibohnen-Reis-Suppe 199
Apfelmus mit Rosinen 73
Basmatireis + Zucchini-Tofupfanne 145
Erdbeersuppe mit Melonen 87
Fischsuppe mit Rosmarin 271
Gegrillte Tomaten mit Käsefüllung 469
Geriebener Apfel 120
Geröstete Hirse mit Stangensellerie 400

Gerstenschrotsuppe 265
Getreidekaffee mit Kardamom 3
Heilbutt mit Tomaten-Knoblauch-Sauce 319
Hühnersuppe mit Angelikawurzel und Bocksdornfrüchten 77
Indische Dalsuppe 255
Kabeljausuppe mit Tomaten 176
Karottendrink 143
Kartoffel-Basilikumsuppe 95
Kichererbsengemüse mit Rosinen 429
Klassisches Ingwerhuhn mit Reiswein 357
Kompott aus Äpfel 67
Kompott aus Heidelbeeren 49
Kürbiscurry 193
Kürbis-Joghurt-Suppe 68
Linsen-Reis-Eintopf 232
Melanzani mit Olivenöl und Kurkuma 432
Misosuppe mit Tofu 52
Preiselbeer-Joghurt-Mix 57
Quinoa pikant + Avocado 561
Reis mit gedämpftem Gemüse 92
Reis mit Pastinake 206
Reisbrei mit Orangenschale 119
Reissuppe mit Algen 130
Rettichgemüse mit Frühlingszwiebel und Karotten 246
Rosmarinkartoffeln 188
Rote Linsen mit Avocado und Rettich 268
Schwarzaugenbohnen-Eintopf 140
Schwarzwurzel mit Joghurt 284
Sellerie-Tomaten-Salat 245
Tee Grüner 2
Vollmilch-Getreide-Brei 205

5.6   Jederzeit

Apfelmus mit Rosinen 73
Geriebener Apfel 120
Geröstete Hirse mit Stangensellerie 400
Getreidekaffee mit Kardamom 3
Karottendrink 143
Kompott aus Äpfel 67
Kompott aus Heidelbeeren 49
Misosuppe mit Tofu 52
Preiselbeer-Joghurt-Mix 57

Reis mit Pastinake 206
Reisbrei mit Orangenschale 119
Tee Grüner 2
Vollmilch-Getreide-Brei 205

6 Rezepte

empfehlenswert = Sie können mehr verwenden, weniger = wenn möglich weniger verwenden.
TL=Teelöffel, EL=Esslöffel, L=Liter, g=Gramm
M=Metall, W=Wasser, H=Holz, F=Feuer, E=Erde.
(Die Kochanleitung nach den Elementen finden Sie im Kapitel „Rezepte" am Ende des Buches.)

6.1 Acht Schätze Reis

Stärkt Niere und Blase, Baut Qi auf, Stärkt die Milz, Vertreibt Feuchtigkeit, reduziert innere Hitze, beugt Krebs vor, baut Herz auf, beruhigt Nerven.
Kalorien p. Portion 212
Kochdauer ca. 1 Stunde
Thermische Wirkung: neutral

Menge	Zutaten	
1 EL	Lilienzwiebel	empfehlenswert
1 EL	Longane	ja
1 EL	Weißwurz	empfehlenswert
1 EL	Yamswurzel, Yamswurzelknolle	empfehlenswert
1 EL	Hiobsträne (Samen) YiYi Ren	empfehlenswert
1 EL	Makannasternsamen	empfehlenswert
2 Tassen	Reis Wilder (Naturreis)	wenig M
8-10 Tassen	Wasser	ja E

Kochanleitung:
Je 1 EL: Bai He (Lilienzwiebel), Longan (Longane/Drachenaugenfrucht), Yu Zhu (Wohlriechender Weißwurz-Wurzelstock), Da Zao, Shan Yao (Yamswurzel, Yamswurzelknolle), Lian Mi, Yi Yi Ren (Samen der Hiobsträne), Qian Shi (Makannasternsamen)

Mit heißem Wasser übergießen und ca. 30 Min einweichen. Anschließend: 1 – 2 Tassen Reis (normal) hinzufügen und ½ bis 1 Stunde köcheln, bis der Reis sehr weich ist. Oder: Mit Vollwertreis ca. 3 Stunden lang mit den Kräutern ein Congee kochen. Dann müssen die Kräuter nicht eingeweicht werden.

6.2 Adzukibohnen-Reis-Suppe

Reduziert Feuchtigkeit, leitet nach unten, reduziert Magen-Darm-Hitze, baut Essenz auf, stärkt Muskeln nach Hitze-Erkrankung: baut Körpersäfte auf.
Kalorien p. Portion 199
Kochdauer ca. 2 Sunden
Thermische Wirkung: neutral

Menge	Zutaten		
8 EL	Adzukibohnen	empfehlenswert	W
2 EL	Reis Rundkornreis	ja	M
2 Tassen	Wasser	ja	E
1 EL	Honig	empfehlenswert	E

Kochanleitung:
Eingeweichte Adzukibohnen und Rundkornreis im Verhältnis 4:1 so lange bei kleiner Hitze in Wasser kochen, bis ein dünner Brei entstanden ist. Nach Bedarf süßen; eventuell pürieren.

Wirkung: Dieses Rezept kräftigt Niere, Milz und Magen und ist besonders für Mütter mit zu wenig Milchfluss geeignet

6.3 Antipasti

Kühlt und bewegt Blut, reduziert äußeren und inneren Wind, reduziert innere Hitze, kühlt Hitze, reduziert Schleim, entspannt, verteilt, nährt Leber-Yin.
Kalorien p. Portion 100
Kochdauer ca. 40 min.
Thermische Wirkung: kühl

Menge	Zutaten		
1 Stück	Peperoni	wenig	F
1 EL	Zitrone Saft	ja	H
1 Stück	Aubergine	empfehlenswert	E
4 Stück	Tomate	empfehlenswert	H
200 g.	Zucchini	empfehlenswert	E
1/2 Stück	Zitrone Schale	ja	F
1 EL	Olivenöl	empfehlenswert	E
8 Blätter	Basilikum (frisch)	empfehlenswert	M
1 Prise	Salz	wenig	W
1/2 TL	Koriander	empfehlenswert	M

Kochanleitung:
Peperoni im auf 250 Grad vorgeheizten Ofen backen bis die Schale dunkel wird (ca. 20 Min.). Die Peperoni mit Klarsichtfolie zudecken und auskühlen lassen. Peperoni enthäuten und in ca. 2 cm breite Streifen schneiden. Tomaten halbieren und gemeinsam mit den in Scheiben

geschnittenen Auberginen mit Öl bestreichen und im Ofen bei 200 Grad goldbraun backen (ca. 10 Min.)
Zucchinischeiben in Grillpfanne (ohne Fett) anbraten.
Alles zusammen anrichten, die Marinade aus Olivenöl, Salz und Zitronenschale mischen und über das Gemüse gießen, mit Koriander bestreuen. 1 Std. ziehen lassen.

6.4 Apfelmus mit Rosinen

Nährt Säfte, reduziert Magenhitze, stärkt Milz, harmonisiert Magen. Befeuchtet, entspannt, baut Qi auf.
Kalorien p. Portion 73
Kochdauer ca. 25 Min.
Thermische Wirkung: kühl

Menge	Zutaten		
1 Kg	Apfel (süß)	empfehlenswert	E
100 ml.	Wasser	ja	E
50 g.	Rosinen	empfehlenswert	E

Kochanleitung:
Die Äpfel waschen, schälen, vierteln und dabei das Kerngehäuse entfernen. Die Äpfel mit dem Wasser in einen Topf geben. Die Rosinen mit heißem Wasser waschen und dazugeben. Bei schwacher Hitze etwa 10 Minuten dünsten, dann abkühlen lassen. Für Kinder bis zu 10 Monaten das Mus im Mixer fein pürieren. Für die Größeren mit dem Kartoffelstampfer zerdrücken. In Tiefkühlbeutel oder in leere Joghurtbecher füllen und verschließen. Die Joghurtbecher verschließen. Im Schockgefrierfach einfrieren und bei Bedarf bei Zimmertemperatur etwa 6 Stunden auftauen lassen. (Ca. 4 Monate haltbar).
Das Obstmus ist als Nachtisch oder Zwischenmahlzeit gedacht. Es wirkt verdauungsfördernd. Bei Durchfall lieber Bananenmus geben.

6.5 Basmatireis + Zucchini-Tofupfanne

Diuretisch, wandelt Schleim um, reduziert Hitze, baut Qi auf. Nährt Säfte, harmonisiert Milz und Magen, stärkt Lungen Qi.
Kalorien p. Portion 145
Kochdauer ca. 20 min.
Thermische Wirkung: kühl

Menge	Zutaten		
250 g.	Soja Tofu	wenig	E
2 EL	Olivenöl	empfehlenswert	E
1/2 TL	Koriander	empfehlenswert	M
1/2 TL	Ingwer frisch	empfehlenswert	M

1/2 Tasse	Reis Basmatireis	ja	M
3 Tassen	Wasser	ja	E
1 Stück	Zucchini	empfehlenswert	E

Kochanleitung:
Tofu würfelig schneiden und mit Olivenöl, Tamari, zerstoßenem Koriander und Ingwer marinieren. Mindestens 1 Stunde ziehen lassen. Basmatireis mit dem Wasser kochen. Eventuell mit Zwiebel und Kardamom würzen.
Zucchini und Tofu in Pfanne im heißem Öl ca. 5-7 min anrösten.
Reis und Tofu mit Zucchini getrennt auf Teller servieren.
Petersilie dazugeben.
Kann kalt auch als Salat für zuhause und unterwegs genommen werden.

6.6 Brennnessel mit Mangold Suppe

Leitet Feuchtigkeit nach unten aus, stärkt Blut, kühlt Leberhitze.
Kalorien p. Portion 52
Kochdauer ca. 30 Min.
Thermische Wirkung: kühl

Menge	Zutaten		
1/2 Kg.	Mangold	empfehlenswert	E
1 Prise	Salz	wenig	W
1/2 Liter	Wasser	ja	E
1 EL	Olivenöl	empfehlenswert	E
1 Handvoll	Brennnessel	empfehlenswert	H
1 Prise	Pfeffer (gemahlen)	ja	M

Kochanleitung:
In einem Topf das Öl erhitzen, die gewaschenen und fein geschnittenen Mangold dazugeben. Salzen und 10 Min. köcheln lassen. Die gehackten Brennnesseln dazugeben und weitere 10 Min. kochen. Pfeffer dazugeben und pürieren.

6.7 Couscous-Salat

Bewahrt die Säfte. Nährt Blut und Leber, harmonisiert Leber, stärkt Sehkraft, bewahrt die Säfte.
Kalorien p. Portion 338
Kochdauer ca. 25 Min.
Thermische Wirkung: neutral

Menge	Zutaten		
250 ml.	Wasser	ja	E
1 EL	Olivenöl	empfehlenswert	E
200 g	Couscous	ja	H
3 EL	Zitrone Saft	ja	H

Menge	Zutaten		
1 TL	Zitrone Schale	ja	F
2 Stück	Tomate	empfehlenswert	H
100 g.	Gurke	wenig	E
100 g.	Karotte (Mohrrübe, Möhre)	empfehlenswert	E
1 Bund	Petersilie	empfehlenswert	H
1 Bund	Lauchzwiebel Schnittlauch	empfehlenswert	M
3 Äste	Pfefferminze	empfehlenswert	M

Kochanleitung:
In einem kleinen Topf 250 ml. Wasser mit Salz und 1 EL Olivenöl zum Kochen bringen. Couscous untermischen, vorn Herd nehmen und zugedeckt 5 Minuten quellen lassen. Couscous zurück auf den Herd geben und bei milder Hitze noch ca. 2 Minuten unter ständigem leichtem Rühren ziehen lassen. Eventuell noch 1- 3 EL heißes Wasser untermischen.
Couscous mit Zitronensaft, kleingehackter Zitronenschale und 1 EL Öl vermischen, mit Salz und Pfeffer abschmecken und etwas durchziehen lassen.
Couscous mit Tomaten, Gurke, Petersilie (alle würfelig geschnitten), Karotten (gerieben), Schnittlauch und Minze (fein gehackt) vermischen.
Couscous-Salat mit Zitronensaft, Salz und Pfeffer abschmecken.

6.8 Erdbeersuppe mit Melonen

Stärkt Blut, kühlt Blut, bewahrt die Säfte, zieht zusammen, befeuchtet, verteilt, stärkt Herz Yin.
Kalorien p. Portion 87
Kochdauer ca. 5 Min.
Thermische Wirkung: kühl

Menge	Zutaten		
300 g.	Erdbeere	empfehlenswert	H
70 ml	Erdbeersaftgetränk	empfehlenswert	H
1/4 TL	Zitrone Schale	ja	F
200 g	Honigmelone	ja	E

Kochanleitung:
Erdbeeren (frisch oder tiefgekühlt) und Erdbeersaft mit dem Mixstab pürieren, wenig Zucker untermischen.
Melonenfruchtfleisch in kleine Stücke schneiden.
Erdbeersuppe portionsweise anrichten. Melonenwürfel in die süße Suppe setzen.

6.9 Feigen mit Mozzarella und Honig

Befeuchtet Lunge und Dickdarm, reduziert Schleimfeuer. Leitet nach unten. Stärkt Mittleren Erwärmer. Reduziert innere Hitze.
Kalorien p. Portion 415
Kochdauer ca. 10 Min.
Thermische Wirkung: warm

Menge	Zutaten		
4 Stück	Feige	ja	E
1 Stück	Mozzarella	ja	H
1/2 Bund	Basilikum (frisch)	empfehlenswert	M
2 EL	Honig	empfehlenswert	E
1 Prise	Pfeffer (gemahlen)	ja	M
1 EL	Traubenkernöl	wenig	E
1 EL	Essig Aceto Balsamico weiss	ja	H

Kochanleitung:
Frische Feigen vierteln, Büffelmozzarella in Würfel schneiden, Basilikumblätter abzupfen.
Aus hellem Balsamico, Traubenkernöl und Honig ein Dressing anrühren und abschmecken.
Am Rand entsprechender Teller die Feigen platzieren. Die Mozzarellawürfel verteilen und mit schwarzem Pfeffer würzen. Reichlich ganze oder grob in Streifen geschnittene Basilikumblätter darüber verteilen und mit der Marinade benetzen.
Gewürztes Pizzabrot passt hervorragend dazu.

6.10 Fischsuppe mit Rosmarin

Kräftigt Nieren-Qi; nährt Blut und Säfte. Reguliert Qi, trocknet aus, leitet nach unten. Stärkt Milz und Leber, befeuchtet, entspannt, verteilt.
Kalorien p. Portion 271
Kochdauer ca. 30 Min. (+Grundrezept)
Thermische Wirkung: neutral

Menge	Zutaten		
1/2 Liter	Grundrezept für eine Fischbrühe	empfehlenswert	
1/2 Bund	Rosmarin	ja	F
1 Stück	Zwiebel Frühlingszwiebel	wenig	M
2 EL	Olivenöl	empfehlenswert	E
250 g.	Fischstücke gemischt (Süßwasser)	ja	W
1 Stück	Karotte (Mohrrübe, Möhre)	empfehlenswert	E
1 Stück	Pastinake	empfehlenswert	F
1 Scheibe	Sellerie Knolle	empfehlenswert	E
1 PriseSalz	wenig		W
2 Stück	Pfeffer Körner	ja	M
1 Zehe	Knoblauch	empfehlenswert	M

Kochanleitung:
Die Zwiebel und Knoblauch in dem Öl glasig braten. Mit Fischbrühe aufgießen. Gewürfelte Karotte, Pastinaken und Sellerie hinzugeben. Mit Salz und Pfefferkörnern würzen. Die Suppe 25 Min. bei schwacher Hitze köcheln lassen.
Den Fisch waschen, mit Zitronensaft beträufeln, in Stücke teilen und mit dem abgezupften Rosmarin in die Suppe geben. Alles 5 Min. bei schwacher Hitze garen.
Schnittlauch und Petersilie dazugeben und die Suppe mit dem Salz abschmecken.

6.11 Frühlingssalat

Bewahrt die Säfte, nährt Leber-Yin, kühlt Hitze, produziert Körpersäfte. Bewegt Qi und Blut, diuretisch, kühlt bei innerer Hitze, löst Stagnation, leitet nach unten.
Kalorien p. Portion 162
Kochdauer ca. 10 Min.
Thermische Wirkung: kühl

Menge	Zutaten		
150 g.	Sauerampfer	ja	H
100 g.	Löwenzahn (junger)	empfehlenswert	F
75 g.	Mungobohnensprossen	empfehlenswert	W
100 g.	Kresse	empfehlenswert	M
1 Bund	Lauchzwiebel Schnittlauch	empfehlenswert	M
2 Stück	Tomate	empfehlenswert	H
1 Bund	Petersilie	empfehlenswert	H
2 EL	Sesam Paste (Tahini)	wenig	E
1 Schuß	Sojasauce	ja	W
1/2 TL	Senf	ja	M
6 Scheiben	Weißbrot (Weizenbrot)	ja	H

Kochanleitung:
Alle Salatzutaten waschen, mischen und die Sauce folgendermaßen zubereiten:
Tahin mit Senf und Balsamikoessig, mit Tamari, Olivenöl, Schnittlauch und der Hälfte der Petersilie mischen. Die Sauce über den Salat gießen und unmittelbar vor dem Servieren die restliche Petersilie drüberstreuen.
Mit dem Weißbrot servieren.

6.12 Gegrillte Tomaten mit Käsefüllung

Nährt Leber-Yin, kühlt Hitze, produziert Körpersäfte. Bewegt Qi, reduziert innere Hitze, leitet nach unten. Bewahrt die Säfte.
Kalorien p. Portion 469
Kochdauer ca. 30 Min.
Thermische Wirkung: kühl

Menge	Zutaten		
8 Stück	Tomate	empfehlenswert	H
75 g.	Schafskäse	wenig	F
75 g.	Frischkäse	wenig	H
1 Stück	Huhn Ei	ja	E
1 EL	Olivenöl	empfehlenswert	E
1 EL	Basilikum (frisch)	empfehlenswert	M
1 Prise	Salz	wenig	W
1 Prise	Pfeffer (gemahlen)	ja	M
30 g.	Oliven	wenig	F
10 dag.	Rucola (Rauke)	empfehlenswert	F
4 Scheiben	Weißbrot (Weizenbrot)	ja	H

Kochanleitung:
Tomaten großzügig aushöhlen. In eine Auflaufform setzen.
Käse, Olivenöl, Ei, gehackter Basilikum und Mehl verrühren. Mit Salz und Pfeffer würzen und in die Tomaten füllen.
Im vorgeheizten Ofen bei 210 Grad auf der mittleren Schiene 15 Min. backen, dann den Backofengrill zuschalten und weitere 3 Min. übergrillen (ohne Umluft).
Die Oliven entsteinen und hacken und auf die Tomaten streuen.
Tomaten mit Rucola garnieren und mit Weißbrot servieren.

6.13 Gemüsesaft Getränk

Nährt Leber-Yin, kühlt Hitze, produziert Körpersäfte. Stärkt Milz und Leber, reguliert Qi-Fluss, befeuchtet, entspannt, baut Qi auf, verteilt. Stärkt Magen-Qi, befeuchtet, entspannt, baut Qi auf, verteilt.
Kalorien p. Portion 64
Kochdauer ca. 15 Min.
Thermische Wirkung: kühl
Therapeutisches Rezept

Menge	Zutaten		
20 g.	Sellerie Knolle	empfehlenswert	E
100 g.	Karotte (Mohrrübe, Möhre)	empfehlenswert	E
100 g.	Tomate	empfehlenswert	H
1 Stück	Knoblauch	empfehlenswert	M
1 TL	Salz	wenig	W
1/2 TL	Acerola Fruchtnektar oder Pulver	ja	H

Kochanleitung:
Alle Zutaten schälen und mit dem Entsafter zu einem Getränk verarbeiten. Acerola darunterrühren.

6.14 Geriebener Apfel

Bewahrt die Säfte, zieht zusammen.
Kalorien p. Portion 120
Kochdauer ca. 10 Min.
Thermische Wirkung: kühl

Menge	Zutaten		
1 Stück	Apfel (sauer)	empfehlenswert	H

Kochanleitung:
Apfel schälen und möglichst fein reiben. Danach mindestens 5 Minuten stehen lassen bis er braun geworden ist.

6.15 Geröstete Haferflocken mit Weintraubenkompott

Befeuchtet, entspannt, baut Qi auf, verteilt. Stärkt Qi. Erwärmt Magen und Milz, fördert Durchblutung und Leitbahnfluss, lindert Kälte-Übel und Schmerzen.
Kalorien p. Portion 328
Kochdauer ca. 25 Min.
Thermische Wirkung: warm

Menge	Zutaten		
1 Tasse	Hafer Flocken geröstet	ja	M
2 Tassen	Trauben rot	empfehlenswert	E
1/2 TL	Ingwer frisch	empfehlenswert	M
2 EL	Rosinen	empfehlenswert	E
1 Prise	Zimtpulver	empfehlenswert	M
2 Tassen	Wasser	ja	E

Kochanleitung:
Haferflocken kurz anrösten, mit Wasser übergießen, Rosinen dazugeben und 20 min. kochen. Trauben, Ingwer und Zimt zugeben.

6.16 Geröstete Hirse mit Stangensellerie

Stärkt Milz und Niere, diuretisch. Bewegt Leber-Qi, kühlt Hitze, befeuchtet, entspannt, baut Qi auf, verteilt.
Kalorien p. Portion 400
Kochdauer ca. 30
Thermische Wirkung: kühl

Menge	Zutaten		
1 Tasse	Hirse	ja	E
2 Tassen	Wasser	ja	E
2 Stangen	Sellerie Stangensellerie	empfehlenswert	E
1 EL	Kräuter verschiedene	ja	
2 EL	Wasser	ja	E
1 Prise	Salz	wenig	W
3-4 Blätter	Salbei	empfehlenswert	F
1 TL	Kresse	empfehlenswert	M

Kochanleitung:
Hirse kurz anrösten, mit Wasser übergießen kurz aufkochen und 20 min. quellen lassen.
Stangensellerie klein schneiden und mit Wasser, Salz und frische Kräuter 10 min. kochen und zu der Hirse geben. Frischen Salbei oder Kresse kleingehackt drüberstreuen.

6.17 Gerstenschrotsuppe

Wirkt neutral bis leicht erwärmend und entspannt den Qi-Fluss. Hilft bei Appetitlosigkeit und Durchfall durch Milz-Schwäche. Bei schwachem Milz-Qi sollte man häufig salzige Suppen zum Frühstück essen.
Kalorien p. Portion 265
Kochdauer ca. 30 Min.
Thermische Wirkung: kühl

Menge	Zutaten		
1 Tasse	Gerste	ja	E
1 Prise	Salz	wenig	W
1/2 TL	Ingwer frisch	empfehlenswert	M
1 EL	Olivenöl	empfehlenswert	E
3 EL	Petersilie	empfehlenswert	H
2 Tassen	Wasser	ja	E

Kochanleitung:
Gerste in der Pfanne trocken rösten, anschließend zu Schrot mahlen und mit Wasser, etwas Salz und Ingwer zu einem Brei kochen. Vor dem Servieren Öl und Petersilie unterheben.
Variante: Man kann dem Gericht noch einen besseren Geschmack verleihen, wenn man es mit vorbereiteter Gemüse- oder Fleischbrühe kocht.

6.18 Getreidekaffee mit Kardamom

Trocknet aus, leitet nach unten.
Kalorien p. Portion 3
Kochdauer ca. 5 Min.
Thermische Wirkung: warm

Menge	Zutaten		
1 EL	Getreidekaffee	ja	F
2 Kerne	Kardamom	empfehlenswert	M
1 Tasse	Wasser	ja	E

Kochanleitung:
Wasser, Kaffee, Zucker und Kardamom aufkochen und setzen lassen

6.19 Götterspeise

Kühlt Hitze, nährt Säfte, produziert Körpersäfte, kühlt Hitze, leitet Qi nach unten. Erwärmt Magen und Milz, fördert Durchblutung und Leitbahnfluss.
Kalorien p. Portion 60
Kochdauer ca. 2 Stunden und mehr
Thermische Wirkung: kühl

Menge	Zutaten		
300 g.	Karotte (Frühkarotte)	empfehlenswert	E
6 EL	Wasser	ja	E
1 TL	Zucker Ursüße (Zuckerrohr) süß	ja	E
1 Blatt	Gelatine weiss	empfehlenswert	
1/2 Stück	Orange	ja	H
1 Prise	Zimtpulver	empfehlenswert	M
1/2 TL	Maiskeimöl	wenig	E

Kochanleitung:
Die Karotten gründlich waschen, putzen, schälen und in Scheiben schneiden. In einem Topf etwa 6 Esslöffel Wasser zum Kochen bringen, die Karotten und den Rohrzucker hinzufügen und bei mittlerer Hitze in 10-15 Minuten garen. Inzwischen die Gelatine etwa 10 Minuten in kaltem Wasser einweichen. Die Orangenhälfte auspressen, den Saft mit dem Zimt und dem Öl vermischen. Die heißen Karotten mit dem Pürierstab zermusen und die Gelatine (Alternativ: Agar-Agar verwenden) im heißen Mus auflösen. Den Orangensaft unterrühren. Eine Puddingform (1/4 1 Inhalt) mit kaltem Wasser ausschwenken, das Karottenmus einfüllen und im Kühlschrank etwa 3 Stunden kühlen. Vor dem Essen stürzen und auf Zimmertemperatur erwärmen lassen.

6.20 Heilbutt mit Tomaten-Knoblauch-Sauce

Nährt Leber-Yin, kühlt Hitze, produziert Körpersäfte. Wärmt Magen und Milz, harmonisiert den Darm, stärkt Qi-Funktion, reduziert Feuchtigkeit. Reduziert innere Hitze, reduziert Schleim, produziert Körpersäfte, trocknet aus, leitet nach unten.
Kalorien p. Portion 319
Kochdauer ca. 45 Min.
Thermische Wirkung: warm

Menge	Zutaten		
1 Tasse	Reis Sorte beliebig	ja	M
6 Tassen	Wasser	ja	E
1 Prise	Salz	wenig	W
1 Kg	Heilbutt	ja	W
1 Prise	Salz	wenig	W
1 Prise	Pfeffer (gemahlen)	ja	M
1 Spritzer	Zitrone Saft	ja	H
2 Stück	Lorbeerblatt	empfehlenswert	M
1 Stück	Zitrone	ja	H
8 Stück	Knoblauch	empfehlenswert	M
1 EL	Thymian getrocknet	empfehlenswert	M
75 g.	Oliven	wenig	F
4 Stück	Tomate	empfehlenswert	H
1 Prise	Salz	wenig	W
1 Prise	Pfeffer (gemahlen)	ja	M

Kochanleitung:
Reis mit Salzwasser zustellen und garen lassen.
Den Fisch unter fließend kaltem Wasser abspülen, mit Küchenkrepp abtupfen und mit Salz, Pfeffer und Zitronensaft einreiben. Die Fischfilets in eine Auflaufform legen mit Stücken von den Lorbeerblättern belegen. Die Zitrone heiß abwaschen und in Spalten schneiden, den Knoblauch schälen und halbieren. Die Oliven und den Thymian drüberstreuen.
Die Tomaten mit heißem Wasser überbrühen, häuten und grob würfeln.
Alle Zutaten mischen, mit Salz und Pfeffer würzen und um den Fisch herum verteilen.
Alles bei 200 Grad Umluft, Umluft:180 Grad/Gasherd: Stufe 3 ca. 20 Minuten garen. Mit dem Reis anrichten.
Zu diesem wohlschmeckenden Fischgericht passt ein gemischter Salat.

6.21 Hirse mit Ei und Butter

Stärkt Blut, Yin und Jing, nährt Yin, befeuchtet bei innerer Trockenheit, stärkt Blut, stärkt Milz, beruhigt Nerven und Magen. Stärkt Milz und Niere, diuretisch. Stärkt Qi und Nieren-Jing, befeuchtet, entspannt, baut Qi auf, verteilt.
Kalorien p. Portion 338
Kochdauer ca. 25 Min.
Thermische Wirkung: kühl

Menge	Zutaten		
1 Tasse	Hirse	ja	E
1/2 TL	Ingwer frisch	empfehlenswert	M
1 Prise	Salz	wenig	W
2 EL	Petersilie	empfehlenswert	H
1 Prise	Rosenpaprika	empfehlenswert	F

2 Stück	Huhn Ei		ja	E
2 EL	Butter Bio		weniger als angegeben	E
1 Prise	Muskatnuss		wenig	M
2 Tassen	Wasser		ja	E

Kochanleitung:
Die Hirse mit dem Ingwer und Muskatnuss im Wasser kochen. 1 weiches Ei pro Person kochen und schälen; die Hirse auf Tellern auftürmen und je 1 Ei in eine Mulde im Hirseberg legen; Butterflöckchen darübergeben. Mit gehackter Petersilie und dem Rosenpaprika bestreuen.

6.22 Hühnersuppe mit Angelikawurzel und Bocksdornfrüchten

Stärkt Milz und nährt das Blut und das Yin der Leber. Stärkt Qi und Blut; ist sehr wärmend.
Kalorien p. Portion 77
Kochdauer ca. 1 1/2 Stunden
Thermische Wirkung: warm

Menge	**Zutaten**		
1/2 Liter	Grundrezept für eine Hühnerbrühe	empfehlenswert	
5 g.	Angelikawurzel	empfehlenswert	
50 g.	Bocksdornfrüchte (Fructus Lycii) getrocknet	ja	H

Kochanleitung:
Hühnerbrühe laut Grundrezepte. In den letzten 40 Minuten Angelikawurzel und Bocksdornfrüchte mitkochen.

Einnahme: Täglich 2-3 Tassen Brühe trinken.

6.23 Hühnersuppe mit Eigelb und Petersilie

Stärkt Qi und Blut; ist sehr wärmend. Nährt Blut und Leber, harmonisiert Leber und Milz, stärkt Sehkraft, bewahrt die Säfte, zieht zusammen.
Kalorien p. Portion 117
Kochdauer ca. 10 Min. (+Grundrezept)
Thermische Wirkung: warm
Therapeutisches Rezept

Menge	**Zutaten**		
1/2 Liter	Grundrezept für eine Hühnerbrühe	empfehlenswert	
1 Stück	Huhn Eigelb	wenig	E
1 EL	Petersilie	empfehlenswert	H

Kochanleitung:
Brühe erhitzen und das Eigelb versprudeln. Die gehackte Petersilie drüberstreuen und ca. 2 Min. ziehen lassen. In kleinen Schlucken trinken.

6.24 Hühnersuppe mit Grünkern, Petersilie und Sake

Stärkt Qi und Blut; ist sehr wärmend. Nährt Leber-Blut, bewahrt die Säfte, zieht zusammen. Zerstreut und bewegt Qi, befeuchtet, reduziert Kälte-Übel, weicht Knoten auf.
Kalorien p. Portion 150
Kochdauer ca. 1 1/2 Stunden
Thermische Wirkung: warm

Menge	Zutaten		
1/2 Liter	Grundrezept für eine Hühnerbrühe	empfehlenswert	
4 EL	Grünkern	empfehlenswert	H
2 EL	Petersilie	empfehlenswert	H
1 Schuß	Sake	wenig	M

Kochanleitung:
Die Zutaten in der Suppe 10 min. ziehen lassen.

6.25 Hülsenfrüchte

Stärkt Milz und Leber, reguliert Qi-Fluss, befeuchtet, entspannt, baut Qi auf, verteilt. Nährt Blut und Qi, diuretisch, harmonisiert Qi (v.a. im Mittleren und Unteren Erwärmer), entgiftet. Reduziert innere Hitze und Feuchtigkeit.
Kalorien p. Portion 31
Kochdauer ca. 30 Min.
Thermische Wirkung: neutral

Menge	Zutaten		
100 g.	Pintobohnen gesprenkelt	empfehlenswert	W
50 g.	Linsen (Helmbohnen)	wenig	W
50 g.	Erbse, grün	empfehlenswert	W
1 Liter	Wasser	ja	E
1 Scheibe	Zitrone	ja	H
5 Stück	Wacholderbeere	empfehlenswert	F
1 Zweig	Thymian	empfehlenswert	W
1 Zweig	Rosmarin	ja	F
1 Stück	Karotte (Mohrrübe, Möhre)	empfehlenswert	E
1-2 TL	Bohnenkraut	empfehlenswert	W
daumengroßes Stück	Ingwer frisch	empfehlenswert	M
2-3 Blatt	Lorbeerblatt	empfehlenswert	M
1-2 Streifen	Wakame	empfehlenswert	W

Kochanleitung:
Hülsenfrüchte wie Bohnen, Linsen, Erbsen oder Kichererbsen werden in reichlich kaltem Wasser mehrere Stunden bis zu 3 Tagen eingeweicht. Alle 8 Stunden sollte dabei das Wasser gewechselt werden. Danach Einweichwasser wegschütten und Hülsenfrüchte gründlich waschen.
Zubereitung:
Hülsenfrüchte mit frischem kaltem Wasser und einer Ingwerscheibe aufsetzen und zum Schäumen bringen. Ohne Deckel ca. 5 min kochen lassen, dabei den Schaum, der sich bildet abschöpfen. Erst danach folgende Zutaten geben: eine Zitronenscheibe oder Zitronensaft, Wacholderbeeren zerdrücken, Thymian; (ev. 1 Messerspitze Asafoetida bei großer Verdauungsschwäche). Bohnenkraut, Salbei, Wacholder, Bockshornkleesamen, Karotte, Lorbeerblätter, frischer Ingwer, Wakamealge zugeben
Auf kleinster Flamme köcheln bis Bohnen oder Linsen die gewünschte Konsistenz haben.
Diese Basis kann 3-4 Tage im Kühlschrank aufbewahrt werden.

6.26 Humus

Stärken Milz und Herz, weicht auf, leitet nach unten. Befeuchtet, entspannt, baut Qi auf, verteilt. Nährt Blut und Leber, harmonisiert Leber und Milz, stärkt Sehkraft, bewahrt die Säfte, zieht zusammen.
Kalorien p. Portion 542
Kochdauer ca. 2 Stunden
Thermische Wirkung: kühl

Menge	Zutaten		
2 Tassen	Kichererbsen	wenig	W
1 TL zerrieben	Wakame	empfehlenswert	W
1/4 TL	Ingwer frisch	empfehlenswert	M
1 Prise	Rosmarin	ja	F
1 EL	Sesam Paste (Tahini)	wenig	E
2 EL	Olivenöl	empfehlenswert	E
1 Spritzer	Zitrone Saft	ja	H
nach Bedarf	Wasser	ja	E
1 Zehe geschabt	Knoblauch	empfehlenswert	M
1 TL gehackte	Petersilie	empfehlenswert	H
1 Prise	Paprika	weniger als angegeben	E
1 Prise	Curcuma (Gelbwurz)	empfehlenswert	
1 Prise	Koriander	empfehlenswert	M
1 Prise	Kardamom	empfehlenswert	M
1 Prise	Chili (Schote oder gemahlen)	ja	M
1 Prise	Pfeffer (gemahlen)	ja	M
1/2 TL	Salz Kräutersalz	wenig	W

Kochanleitung:
Kichererbsen über Nacht oder mind. 6 Stunden einweichen, Einweichwasser weg giessen, in frischem Wasser ca. 1 - 1 ½ Std. mit wenig Meeresalge und Ingwer kochen, erkalten lassen.
Würzen mit einigen Spritzern Zitronensaft, Petersilie.
Klein geschnittener oder gepresster Knoblauch mit Pfeffer würzen, je nach Belieben mehr oder weniger Koriander - und Kardamompulver, wenig Chili-Pulver. Tahin und Olivenöl hinzugeben.

Alle Zutaten zusammen pürieren. Je nach Konsistenz Wasser dazugeben. Es sollte eine geschmeidige Paste entstehen.
Auf Getreideküchlein, Cracker oder getoastetes Brot streichen oder zu Salat genießen.

6.27 Indische Dalsuppe

Reduziert innere Hitze und Feuchtigkeit, weicht auf, leitet nach unten. Stärkt Milz und Leber, reguliert Qi-Fluss, befeuchtet, entspannt, baut Qi auf, verteilt, stärkt Leber und Niere, reduziert feuchte Hitze.
Kalorien p. Portion 255
Kochdauer ca. 30 Min.
Thermische Wirkung: kühl

Menge	Zutaten		
175 g.	Linsen (Helmbohnen)	wenig	W
3 EL	Sesamöl	wenig	E
1 Stück	Karotte (Mohrrübe, Möhre)	empfehlenswert	E
1 Stück	Zwiebel Schalotte	weniger als angegeben	M
2 Tassen	Wasser	ja	E
2 Scheiben	Ingwer frisch	empfehlenswert	M
1 Prise Salz	wenig		W
1 TL	Sojasauce	ja	W
1 TL gehackte	Petersilie	empfehlenswert	H
1 TL	Thymian	empfehlenswert	W
1 EL	Basilikum	empfehlenswert	M

Kochanleitung:
Linsen über Nacht einweichen; in einen heißen Topf Öl geben; Karotte, Zwiebel, etwas Ingwer andünsten mit Wasser aufgießen; Linsen zugeben und weich kochen; Salz oder Sojasoße zugeben und weitere 10 Minuten kochen; vor dem Servieren Petersilie unterheben; Thymian oder Basilikum drüberstreuen.

Variante: Andere Kräuter wie Salbei, Rosmarin oder Liebstöckel ermöglichen eine Vielfalt von Geschmacksnuancen.

6.28 Kabeljausuppe mit Tomaten

Kräftigt Nieren-Qi; nährt Blut und Säfte; fördert das Wasserlassen. Stärkt Qi von Milz und Nieren, weicht auf, leitet nach unten. Zerstreut und bewegt Qi, befeuchtet, reduziert Kälte-Übel, weicht Knoten auf.
Nährt Leber-Yin.
Kalorien p. Portion 176
Kochdauer ca. 30 min. (+Grundrezept)
Thermische Wirkung: warm

Menge	Zutaten		
1/2 Liter	Grundrezept für eine Fischbrühe	empfehlenswert	
250 g.	Kabeljau	empfehlenswert	W
1 Stück	Zwiebel Schalotte	weniger als angegeben	M
1/2 TL	Anis (gemeiner Fenchel)	empfehlenswert	E
1/2 TL	Ingwer frisch	empfehlenswert	M
1 TL	Olivenöl	empfehlenswert	E
1 Stück	Tomate	empfehlenswert	H
1/8 Liter	Weißwein	weniger als angegeben	H
1 Prise	Salz	wenig	W
1 Prise	Pfeffer (gemahlen)	ja	M
1 EL gehackte	Petersilie	empfehlenswert	H

Kochanleitung:
Zwiebel, Anis und frisch geriebenem Ingwer in Öl anbraten; Tomaten zugeben und mitdünsten. Mit etwas Wein und Fischsuppe aufgießen. Alles 10-15 Minuten sanft köcheln. Mit Salz und Pfeffer abschmecken; die Kabeljaustücke zugeben und sanft erhitzen. Am Schluss mit Petersilie garnieren.

6.29 Karotten- Reisschleimsuppe

Wärmt Magen und Milz, harmonisiert den Darm, stärkt Qi-Funktion, reduziert Feuchtigkeit. Stärkt Milz und Leber, reguliert Qi-Fluss, befeuchtet, entspannt, baut Qi auf, verteilt.
Kalorien p. Portion 101
Kochdauer ca. 10 Min. (+Grundrezept)
Thermische Wirkung: warm
Therapeutisches Rezept

Menge	Zutaten		
1 Tasse	Grundrezept für eine Reissuppe	empfehlenswert	
2 Stück	Karotte (Mohrrübe, Möhre)	empfehlenswert	E
1 TL	Salz	wenig	W

Kochanleitung:
Karotten schälen und reiben. Die Reissuppe aufkochen und die geriebenen Karotten und Salz dazugeben. 10 Minuten kochen.

6.30 Karottendrink

Stärkt Milz, Niere und Leber, reguliert Qi-Fluss, befeuchtet, entspannt, baut Qi auf, verteilt. Befeuchten Lunge und Dickdarm. Stärkt Mittleren Erwärmer, befeuchtet.
Kalorien p. Portion 143
Kochdauer ca. 15 Min.
Thermische Wirkung: kühl

Menge	Zutaten		
1 EL	Hirseflocken	ja	E
400 g.	Karotte (Mohrrübe, Möhre)	empfehlenswert	E
1 TL	Mandelmus	weniger als angegeben	E
1/2 TL	Honig	empfehlenswert	E

Kochanleitung:
Hirseflocken mit 50 ml kaltem Wasser übergießen und 10 Minuten aufquellen lassen.
Die frischen Karotten entsaften oder 200 ml. Karottensaft verwenden.
Hirseflocken, Karottensaft, Mandelmus und Honig mit dem Mixer fein pürieren.

6.31 Karottenrohkost

Stärkt Milz und Leber, reguliert Qi-Fluss, befeuchtet, entspannt, baut Qi auf, verteilt. Nährt Säfte, reduziert Magenhitze, stärkt Milz, produziert Essenz, harmonisiert Magen. Kühlt Hitze, zieht zusammen.
Kalorien p. Portion 74
Kochdauer ca. 10 Min.
Thermische Wirkung: kühl

Menge	Zutaten		
100 g.	Karotte (Mohrrübe, Möhre)	empfehlenswert	E
1 Stück	Apfel (süß)	empfehlenswert	E
2 TL	Zitrone Saft	ja	H
1 g.	Zuckerersatz (Süßstoff)	empfehlenswert	

Kochanleitung:
Zitronensaft mit Süßstoff verrühren. Die gewaschenen, dünn geschälten Karotten und das Apfelstück in die Soße raspeln und untermischen.

6.32 Kartoffel-Basilikumsuppe

Stärkt Magen-Qi, befeuchtet, entspannt, baut Qi auf, verteilt. Stärkt Qi, stärkt Milz, lindert Entzündungen, verteilt. Stärkt Milz und Leber, reguliert Qi-Fluss.
Kalorien p. Portion 95
Kochdauer ca. 25 min.
Thermische Wirkung: warm

Menge	Zutaten		
500 ml	Wasser	ja	E
4 Stück	Kartoffel	empfehlenswert	E
2 Stück	Karotte (Mohrrübe, Möhre)	empfehlenswert	E
1 Stück	Sellerie Knolle	empfehlenswert	E
1 Prise	Pfeffer (gemahlen)	ja	M
1 Prise	Kümmel	ja	E
1 Zehe	Knoblauch	empfehlenswert	M
1 Prise	Salz	wenig	W
1 TL	Zitrone	ja	H
1 Bund	Basilikum (frisch)	empfehlenswert	M
1 Prise	Rosenpaprika Pulver	ja	F
1 Prise	Zucker Ursüße (Zuckerrohr) süß	ja	E
1 EL	Olivenöl	empfehlenswert	E

Kochanleitung:
In einem Topf mit heißem Wasser 4 mittelgroße Kartoffeln geschält und kleingeschnitten und 2 mittelgroße Karotten kleingeschnitten geben, ein Stück von 1 Sellerieknolle, eine Prise Pfeffer, eine Prise gemahlenen Kümmel, 1 kleine Knoblauchzehe zerdrückt, eine Prise Salz, 1 TL Zitronensaft köcheln, bis das Gemüse weich ist.

Von 1 Bund Basilikum fein gehackt eine Hälfte in die Suppe geben und alles pürieren; die andere Hälfte des Basilikums anschließend unterrühren; mit Rosenpaprika, einer Prise Vollrohrzucker, 1 EL Olivenöl oder Butter, frisch gemahlenem Pfeffer, Salz abschmecken.

6.33 Kichererbsengemüse mit Rosinen

Stärkt Milz und Leber, reguliert Qi-Fluss, befeuchtet, entspannt, baut Qi auf, verteilt. Stärken Milz und Herz, weicht auf, leitet nach unten. Wärmt Magen und Milz, harmonisiert den Darm, stärkt Qi-Funktion, reduziert Feuchtigkeit.
Kalorien p. Portion 429
Kochdauer ca.
Thermische Wirkung: kühl

Menge	Zutaten		
1 Tasse	Kichererbsen	wenig	W
1 EL	Hijiki	ja	W
1 Prise	Salz	wenig	W
1 EL	Sonnenblumenöl	weniger als angegeben	E
2 Stück	Karotte (Mohrrübe, Möhre)	empfehlenswert	E
2 EL	Rosinen	empfehlenswert	E
1/2 TL	Ingwer frisch	empfehlenswert	M
1 Prise	Cumin (Kreuzkümmel)	empfehlenswert	M
1 Schuß	Zitrone Saft	ja	H
1 EL	Sauerrahm 15% Fett	wenig	H

Menge	Zutaten		
1 Prise	Curcuma (Gelbwurz)	empfehlenswert	
1 Schuß	Sojabohnenmilch	wenig	E
1 Prise	Koriander	empfehlenswert	M
1 Schuß	Sojasauce	ja	W
1/2 Tasse	Reis Rundkornreis	ja	M
3 Tassen	Wasser	ja	E
1 Prise	Salz	wenig	W

Kochanleitung:
Vorbereitung: Kichererbsen in kaltem Wasser mehrere Stunden oder über Nacht einweichen. Danach: Einweichwasser wegschütten; die Kichererbsen in kaltem Wasser aufsetzen; 1 EL Hijiki zufügen und die Kichererbsen bissfest kochen; Salz am Ende der Kochzeit zugeben.

Separat. In einer heißen Pfanne Öl, kleingeschnittene Karotten (eine größere Menge als Kichererbsen), Rosinen, geriebenen Ingwer, reichlich Cumin und Salz sanft braten, bis die Karotten halb gar sind; die Kichererbsen und Meeresalgen dazugeben; Zitronensaft, etwas Sauerrahm, Curcuma, Soja- oder Reismilch dazugeben; eine Prise Koriander, etwas Sojasoße untermengen; einige Minuten bei schwacher Hitze durchziehen lassen, bis die Karotten gar sind.

Rundkornreis mit dem Wasser aufsetzen, salzen und ca. 20 Min. kochen.

6.34 Klassisches Ingwerhuhn mit Reiswein

Erwärmend und nährend, leitet das Qi nach oben stärkt die Libido. Empfehlung: bei Qi- und Yang-Schwäche von Milz, Herz und Nieren, bei Lungen-Qi-Mangel, Feuchtigkeit; bei Abwehrschwäche, Kälteempfindlichkeit, Antriebsschwäche;
Kalorien p. Portion 357
Kochdauer ca. 30 Min.
Thermische Wirkung: warm

Menge	Zutaten		
3 EL	Butter Bio	weniger als angegeben	E
2 EL	Ingwer frisch	empfehlenswert	M
1 Prise	Salz	wenig	W
2 Stück (Beine)	Huhn Fleisch	ja	H
1 Schuß	Lycheelikör	empfehlenswert	F
1 Prise	Curry	ja	M
1 Schuß	Sake	wenig	M
4 EL	Mais	ja	E
1/2 Tasse	Hirse	ja	E
1 Prise	Salz	wenig	W
2 Tassen	Wasser	ja	E

1/2 Stück	Kopfsalat	ja	F
1 EL	Olivenöl	empfehlenswert	E
1 TL	Essig (Apfelessig)	empfehlenswert	H
2 EL	Wasser	ja	E
1 Prise	Salz	wenig	W
1 EL	Kräuter verschiedene	ja	

Kochanleitung:
In einer heißen Pfanne (am besten aus Gußeisen oder Emaille) Butter erhitzen; reichlich kleingeschnittenen Ingwer (etwa 1 gehäuften EL pro Hühnerbein) bei niedriger Hitze kurz anbraten; etwas Salz, Hühnerschlegel und/oder andere Teile vom Huhn rundherum bei sanfter Hitze anbraten; Lycheelikör oder Ahornsirup, wenig Curry dazugeben und kurz mitbraten; reichlich Sake unterrühren; Maiskörner (aus dem Glas, Naturkosthandel) dazugeben; alle Zutaten in der Soße einige Minuten sieden lassen, bis das Fleisch gar ist; mit Salz abschmecken.

Dazu passt: Hirse, Blattsalat oder Kopfsalat.

6.35 Kompott aus Äpfel

Nährt Säfte, reduziert Magenhitze, stärkt Milz, produziert Essenz, harmonisiert Magen. Erwärmt Magen und Milz, fördert Durchblutung und Leitbahnfluss, lindert Kälte-Übel und Schmerzen.
Kalorien p. Portion 67
Kochdauer ca. 10 Min.
Thermische Wirkung: kühl

Menge	**Zutaten**		
1 Stück	Apfel (süß)	empfehlenswert	E
2 Tassen	Wasser	ja	E
1 Prise	Zimtpulver	empfehlenswert	M

Kochanleitung:
Äpfel (BIO) mit Schale und Kernen weich kochen. Mit Zimt bestreuen.

6.36 Kompott aus Heidelbeeren

Hält Säfte und Essenz, stärkt Leber und Nieren, stärkt Blut, stärkt Sehkraft. Reduziert innere Hitze, produziert Körpersäfte, leitet Qi nach unten.
Kalorien p. Portion 49
Kochdauer ca. 10 Min.
Thermische Wirkung: kühl

Menge	Zutaten		
100 g.	Heidelbeere	empfehlenswert	H
1 Tasse	Wasser	ja	E
1 Prise	Zimtpulver	empfehlenswert	M
1 Prise	Zitrone Schale	ja	F
1 TL	Zucker Ursüße (Zuckerrohr) süß	ja	E

Kochanleitung:
Heidelbeeren weich kochen und mit Zucker, Zimt und geriebener Zitronenschale (BIO) bestreuen

6.37 Kürbiscurry

Stärkt Lunge und Milz, diuretisch, stärkt Qi, schützt Leber. Wärmt Magen und Milz, harmonisiert den Darm, stärkt Qi-Funktion, reduziert Feuchtigkeit. Befeuchtet, entspannt, baut Qi auf, verteilt. Nährt Blut und Leber, harmonisiert Leber und Milz.
Kalorien p. Portion 193
Kochdauer ca. 20 Min.
Thermische Wirkung: warm

Menge	Zutaten		
300 g.	Kürbis	empfehlenswert	E
2 EL	Olivenöl	empfehlenswert	E
1 Prise	Koriander	empfehlenswert	M
1 Prise	Pfeffer (gemahlen)	ja	M
1 Prise	Curry	ja	M
50 ml	Wasser	ja	E
1 Prise	Salz	wenig	W
1 EL	Petersilie	empfehlenswert	H
1 Prise	Kardamom	empfehlenswert	M
1 Prise	Kurkuma (Gelbwurz)	empfehlenswert	F
1/2 Tasse	Reis Vollkorn	ja	M
3 Tassen	Wasser	ja	E
1 Prise	Salz	wenig	W

Kochanleitung:
Olivenöl in Pfanne erwärmen. Kürbis in Würfel geschnitten darin andünsten, würzen mit Koriander, Pfeffer und Curry, ablöschen mit wenig Wasser, mit Meersalz salzen, klein geschnittene Petersilie dazugeben mit Kardamom und Kurkuma würzen, auf kleinem Feuer ca. 10 Min. köcheln, je nach Kürbisart, der Kürbis sollte noch bissfest sein.

Den Reis im gesalzenen Wasser zustellen, aufkochen lassen und bei kleiner Hitze ca. 15 Min. Quellen lassen.

6.38 Kürbis-Joghurt-Suppe

Befeuchtet, entspannt, baut Qi auf, verteilt. Stärkt Milz und Leber, reguliert Qi-Fluss. Befeuchtet Trockenheit, bewahrt die Säfte, zieht zusammen. Bewegt Qi, stärkt Säfteproduktion, reduziert Kälte-Übel, leitet nach oben.
Kalorien p. Portion 68
Kochdauer ca. 15 Min. (+Grundrezept)
Thermische Wirkung: warm

Menge	Zutaten		
300 ml.	Grundrezept für eine Gemüsebrühe	empfehlenswert	
500 g.	Hokkaidokürbis	empfehlenswert	E
1/2 TL	Ingwer frisch	empfehlenswert	M
1/2 TL	Fenchelsamen gemahlen	ja	E
1/4 TL	Anis (gemeiner Fenchel)	empfehlenswert	E
150 g.	Joghurt (Natur, 1,5 % Fett)	empfehlenswert	F
2 Blätter	Pfefferminze	empfehlenswert	M
1 Prise	Salz	wenig	W

Kochanleitung:
Gemüsebrühe nach Grundrezept zum Kochen bringen. Gewürfelter Kürbis, kleingehackter Ingwer, zerstoßener Fenchelsamen und Anis dazugeben. Suppe zum Kochen bringen und zugedeckt ca. 12 Minuten köcheln, bis der Kürbis weich ist.
Suppe vom Herd nehmen. Mit dem Mixstab die Suppe mit dem Joghurt fein pürieren. Suppe mit feingehackter Minze bestreut servieren

6.39 Kuzusuppe in der Früh

Befeuchtet, entspannt, baut Qi auf, verteilt. Stärkt Magen, harmonisiert Mitte, reduziert innere Hitze, entgiftet, weicht auf, leitet nach unten.
Kalorien p. Portion 12
Kochdauer ca. 5 min.
Thermische Wirkung: neutral
Therapeutisches Rezept

Menge	Zutaten		
1 TL	Kuzu	ja	E
1/4 Liter	Wasser	ja	E
1 Schuß	Sojasauce	ja	W
1 Messerspitze	Umeboshipaste	ja	W

Kochanleitung:
Kuzu mit kaltem Wasser anrühren und unter Rühren zum Kochen bringen. Sobald es glasig wird vom Herd nehmen und abkühlen lassen. Mit Tamari und Umeboshipaste oder zerkleinerten Umeboshi-Pflaumen abschmecken

Es besteht immer die Möglichkeit Ihren Magen und Darm mit diesem Rezept vor dem richtigen Frühstück zu unterstützen.
Eine morgendliche Kur für Magen und Schleimhäute. Bringt den Basenhaushalt in Ordnung.

6.40 Linsen-Reis-Eintopf

Stärkt Milz und Leber, reguliert Qi-Fluss, befeuchtet, entspannt, baut Qi auf, verteilt. Wärmt Magen und Milz, harmonisiert den Darm, stärkt Qi-Funktion, reduziert Feuchtigkeit. Bewegt Leber-Qi, kühlt Hitze.
Kalorien p. Portion 232
Kochdauer ca. 25 Min.
Thermische Wirkung: warm

Menge	Zutaten		
100 g.	Linsen (Helmbohnen)	wenig	W
5 Tassen	Wasser	ja	E
1 Tasse	Reis Sorte beliebig	ja	M
1 EL	Sesamöl	wenig	E
2 Stück	Karotte (Mohrrübe, Möhre)	empfehlenswert	E
2 Stangen	Sellerie Stangensellerie	empfehlenswert	E
1 Prise	Cumin (Kreuzkümmel)	empfehlenswert	M
1 Prise	Salz	wenig	W
1 Schuß	Essig (Apfelessig)	empfehlenswert	H
2 EL	Petersilie	empfehlenswert	H

Kochanleitung:
Linsen einweichen; in einem heißen Topf Sesamöl erhitzen; Karotte und Stangensellerie klein schneiden und andünsten; Reis, eine Prise Cumin und Linsen dazugeben und aufkochen; wenn die Linsen weich sind, Salz zugeben; mit etwas Essig abschmecken und mit Petersilie garnieren.

Variante: Im Sommer kann man das Cumin weglassen und frische grüne Erbsen, Chinakohl oder Stangensellerie dazunehmen.

6.41 Melanzani mit Olivenöl und Kurkuma

Kühlt und bewegt Blut, reduziert äußeren und inneren Wind, reduziert innere Hitze. Nährt Leber-Yin, kühlt Hitze, produziert Körpersäfte.
Befeuchtet, entspannt, baut Qi auf, verteilt.
Kalorien p. Portion 432
Kochdauer ca. 30 Min.
Thermische Wirkung: kühl

Menge	Zutaten		
2 Stück	Aubergine	empfehlenswert	E
4 EL	Olivenöl	empfehlenswert	E
4 Stück	Tomate	empfehlenswert	H
1/2 TL	Kurkuma (Gelbwurz)	empfehlenswert	F
1 Prise	Kümmel	ja	E
1 Prise	Salz	wenig	W
4 Scheiben	Weißbrot (Weizenbrot)	ja	H

Kochanleitung:
Melanzani in Scheiben schneiden und mit den Tomaten auf einem Backblech ausbreiten. Mit Olivenöl beträufeln und mit Kurkuma, Kümmel und Salz würzen. Im Rohr 20 min. backen.
Mit dem Weißbrot servieren.

6.42 Misosuppe mit Tofu

Nähren die Säfte, bewahrt die Säfte, zieht zusammen. Nährt Säfte, lässt Qi aufsteigen, harmonisiert Milz und Magen, befeuchtet, entspannt, baut Qi auf, verteilt. Reguliert Qi, wärmt Milz und Niere, löst Stagnation, leitet nach oben.
Kalorien p. Portion 52
Kochdauer ca. 5 min.
Thermische Wirkung: kühl

Menge	Zutaten		
1 Stück	Wakame	empfehlenswert	W
3-4 EL	Miso	ja	W
50 g.	Soja Tofu	wenig	E
1/2 Liter	Wasser	ja	E
1 Schuß	Sojasauce	ja	W
1/2 EL	Zwiebel Frühlingszwiebel	wenig	M

Kochanleitung:
Wasser, Sojakeimlinge, Wakamealge und in Würfel geschnittenen Tofu 5 Min aufwärmen. Misopaste in Suppenteller geben und langsam mit heißer Suppe übergießen. Mit Tamari Sauce abschmecken. Eventuell Frühlingszwiebel dazu.

6.43 Obstsaft Getränk

Nährt Säfte, reduziert Magenhitze, produziert Essenz, harmonisiert Magen. Stärkt Milz und Leber, reguliert Qi-Fluss, befeuchtet, entspannt, baut Qi auf, verteilt. Kühlt Hitze, nährt Säfte, befeuchtet Lunge.
Kalorien p. Portion 175
Kochdauer ca. 10 Min.
Thermische Wirkung: kühl
Therapeutisches Rezept

Menge	Zutaten		
2 Stück	Orange	ja	H
4 Stück	Apfel (süß)	empfehlenswert	E
2 Stück	Karotte (Mohrrübe, Möhre)	empfehlenswert	E
1 EL	Honig	empfehlenswert	E

Kochanleitung:
Orangen und Karotten schälen. Alle Zutaten würfelig schneiden, damit sie in die Saftpresse passen und entsaften. Mit Honig süßen.

6.44 Preiselbeer-Joghurt-Mix

Befeuchtet Trockenheit, bewahrt die Säfte, zieht zusammen. Bewahrt die Säfte, zieht zusammen, bitter, kalt.
Kalorien p. Portion 57
Kochdauer ca. 5 Min.
Thermische Wirkung: kühl

Menge	Zutaten		
125 g.	Joghurt (Natur, 1,5 % Fett)	empfehlenswert	F
2 EL	Preiselbeermarmelade	ja	H
250 ml.	Mineralwasser	empfehlenswert	W

Kochanleitung:
Joghurt, Preiselbeer-Marmelade und Mineralwasser mit dem Standmixer schaumig rühren.

6.45 Quinoa pikant + Avocado

Nährt Yin von Leber, Lunge und Dickdarm, befeuchtet, entspannt, baut Qi auf, verteilt. Stärkt Milz und Leber, reguliert Qi-Fluss, entspannt, baut Qi auf, verteilt. Stärkt Qi, Reguliert Qi, wärmt Milz und Niere, löst Stagnation
Kalorien p. Portion 561
Kochdauer ca. 20 min.
Thermische Wirkung: kühl

Menge	Zutaten		
2 Tassen	Wasser	ja	E
1 Tasse	Quinoa	ja	F
1 Stück geraspelt	Karotte (Mohrrübe, Möhre)	empfehlenswert	E
2 EL gehackte	Zwiebel Frühlingszwiebel	wenig	M
1/2 TL	Curcuma (Gelbwurz)	empfehlenswert	
1 Stück weiche	Avocado	wenig	E
1 Prise	Salz	wenig	W
1 Prise	Pfeffer (gemahlen)	ja	M
2 TL	Leinöl	wenig	E

Kochanleitung:
Quinoa in heißes Wasser, geraspelte Karotte dazu, Pfeffer und Salz, grünen Teil der Frühlingszwiebel, Curcuma, Weißen Teil der Frühlingszwiebel.
Nach 20 min vom Feuer ziehen
Vorgeschnittene Avocado untermischen
Einen Schuß Öl dazu und mit frischer Petersilie und Gomasio bestreuen

Gewürze und Kräuter : Kurkuma, Kardamom, Kresse, Petersilie, Schnittlauch

Variation:. Für die, die es deftiger wollen, kann auch eine Sardine aus der Biofischkonserve verwendet werden. Falls Sie der „Eiweiß-Typ" sind, hält dieses Frühstück besonders lange satt!

6.46 Reis mit gedämpftem Gemüse
Leitet Hitze und Feuchtigkeit aus
Kalorien p. Portion 92
Kochdauer ca. 20 min (+Grundrezept)
Thermische Wirkung: neutral

Menge	Zutaten		
1 Tasse	Grundrezept für eine Reissuppe	empfehlenswert	
3 Tassen	Wasser	ja	E
1 Stück	Zitrone Schale	ja	F
1/8 Liter	Wasser	ja	E
2 Stück	Karotte (Mohrrübe, Möhre)	empfehlenswert	E
1/2 Stück	Sellerie Stangensellerie	empfehlenswert	E
1/2 Tasse	Champignon	ja	E
2 EL	Kresse	empfehlenswert	M
1 Schuß	Leinöl	wenig	E

Kochanleitung:
Reis nach Grundrezept kochen. Zitronenschale mitkochen.
Wasser aufstellen und kleingeschnittene Karotten, Stangensellerie und Champignons in Gemüseeinsatz dämpfen bis sie weich sind.
Anschließend mit Kresse bestreuen. Dann ein Schuß hochwertiges kaltes Öl zugeben

6.47 Reis mit Pastinake

Reguliert Qi, trocknet aus, leitet nach unten. Wärmt Magen und Milz, harmonisiert den Darm, stärkt Qi-Funktion, reduziert Feuchtigkeit. Befeuchtet, entspannt, baut Qi auf, verteilt. Vertreibt Schleim, leitet nach unten, Aktiviert Wei Qi, stärkt Qi.
Kalorien p. Portion 206
Kochdauer ca. 45 Min.
Thermische Wirkung: kühl

Menge	Zutaten		
1 Tasse	Reis Sorte beliebig	ja	M
2 Tassen	Wasser	ja	E
1 Prise	Salz	wenig	W
3-4 Stück	Pastinake	empfehlenswert	F
1 EL	Olivenöl	empfehlenswert	E
1 TL	Salbei	empfehlenswert	F

Kochanleitung:
Pastinake schälen und in Scheiben schneiden. Kurz in Öl anbraten. Reis hinzugeben und kurz anbraten. Mit Wasser übergießen und mind. 30 min. kochen lassen. Mit wenig frischem gehacktem Salbei bestreuen.

6.48 Reisbrei mit Orangenschale

Wärmt Magen und Milz, harmonisiert den Darm, stärkt Qi-Funktion, reduziert Feuchtigkeit. Bewegt Leber-Qi, kühlt Hitze, befeuchtet, entspannt, baut Qi auf, verteilt. Nährt Blut, befeuchtet, entspannt, baut Qi auf, verteilt.
Kalorien p. Portion 119
Kochdauer ca. 10 Min. (+Grundrezept)
Thermische Wirkung: neutral

Menge	Zutaten		
1 Tasse	Reis Sorte beliebig	ja	M
6 Tassen	Wasser	ja	E
1/4 Stück	Orange abgeriebene Schale	empfehlenswert	
1 EL	Olivenöl	empfehlenswert	E
1/2 Tasse	Champignon	ja	E
1/2 Staude	Sellerie Stangensellerie	empfehlenswert	E
3-4 EL	Grundrezept für eine Hühnerbrühe	empfehlenswert	
1 Prise	Salz	wenig	W

Kochanleitung:
Man kocht am Vortag Reis, Orangenschale und Wasser in einem Verhältnis von etwa 1:6. Die Menge des Wassers bestimmt die Dicke des Breis (reine Geschmackssache). Der Reis quillt unwahrscheinlich auf, nehmen Sie also nicht viel. Geben Sie den Reis in einen Topf mit

guter Isolierung und einem schweren Deckel. Wichtig ist, denReis nach kurzem Aufkochen nur auf kleinster Flamme köcheln zu lassen, da er sonst anbrennt. Kochen Sie den Reis 2-4 Stunden. Je länger er kocht, umso mehr stärkt er Qi und Blut.
In einem Topf das Öl erhitzen, die kleingeschnittenen Champignon und Sellerie hineingeben, und kurz anbraten. Den Reis hinzugeben. Gemüsebrühe oder Wasser hinzugeben, aufwärmen, salzen.

6.49 Reis-Dulse-Suppe

Stärkt Milz und Leber, reguliert Qi-Fluss, entspannt, baut Qi auf, verteilt. trocknet aus, leitet nach unten. Stärkt Magen-Qi. Wärmt Magen und Milz, harmonisiert den Darm, stärkt Qi-Funktion, reduziert Feuchtigkeit.
Kalorien p. Portion 190
Kochdauer ca. 5 min (+Grundrezept)
Thermische Wirkung: warm

Menge	Zutaten		
4 Tassen	Grundrezept für eine Reissuppe	empfehlenswert	
1/2 Liter	Grundrezept für eine Gemüsebrühe	empfehlenswert	
2 EL	Dulse (Lappentang)	ja	W

Kochanleitung:
Eine Portion vorgekochtes Grundrezept für eine Reissuppe (Congee) mit vorgekochtes Grundrezept für eine Gemüsebrühe nahrhaft aufwärmen.

Dulse im Backofen bei 220 Grad 3 Min. backen. Die knusprige Dulse über die Suppe streuen.

6.50 Reissuppe mit Algen

Stärkt Qi und Blut, reduziert Kälte, stärkt Milz, Leber und Magen, stärkt Blut und Qi. Reguliert Qi, wärmt Milz und Niere, löst Stagnation, leitet nach oben.
Kalorien p. Portion 130
Kochdauer ca. 4-5 Stunden
Thermische Wirkung: warm

Menge	Zutaten		
30 dag.	Rind Fleischknochen	empfehlenswert	E
40 dag.	Rind Suppenfleisch	ja	E
1/4 Bund	Petersilie	empfehlenswert	H
4	Wacholderbeere	empfehlenswert	F
2 Stück	Karotte (Mohrrübe, Möhre)	empfehlenswert	E
10 dag.	Sellerie Knolle	empfehlenswert	E
1/2 Stück	Zwiebel Frühlingszwiebel	wenig	M
4	Pfeffer Körner	ja	M

1 Ast	Liebstöckel	empfehlenswert	M
3 cm	Wakame	empfehlenswert	W
3 EL	Reis Sorte beliebig	ja	M
1 Liter	Wasser	ja	E

Kochanleitung:
In Wasser Petersilie geben und aufkochen; Wacholderbeeren, Fleischknochen, ein Stück Suppenfleisch, Karotte und ein Stück Sellerieknolle, eine separat gebräunte Zwiebelhälfte, einige Pfefferkörner, Liebstöckel und ein Stück Wakame-Alge zugeben; alles 4-8 Stunden köcheln lassen und dann abseihen. Reis hinzufügen und noch eine 1/2 Stunde weiterköcheln lassen.

Brühe im Kühlschrank aufbewahren.
Variante: Wenn man das Fleisch nach 1-2 Stunden herausnimmt, kann man es noch gut würfeln und später als Suppenzutat verwenden.

6.51 Rettich-Apfel-Joghurt-Frischkost

Nährt Säfte, reduziert Magenhitze, stärkt Milz, produziert Essenz, harmonisiert Magen. Nährt Lunge und Milz, vertreibt Schleim, löst Schleim, löst Stagnation, leitet nach oben. Befeuchtet Trockenheit, bewahrt die Säfte, zieht zusammen.
Kalorien p. Portion 77
Kochdauer ca. 10 Min.
Thermische Wirkung: kühl

Menge	Zutaten		
5 EL	Joghurt (Natur, 3,5 % Fett)	empfehlenswert	F
2 g.	Zitrone Saft	ja	H
1 Prise	Salz	wenig	W
1 Prise	Pfeffer weiss (gemahlen)	ja	M
100 g.	Rettich (weiß, grün, lila-rot)	empfehlenswert	M
1 Stück	Apfel (süß)	empfehlenswert	E
2 EL	Petersilie	empfehlenswert	H

Kochanleitung:
Joghurt mit Zitronensaft, Salz und weißem Pfeffer verrühren.

Rettich und Apfel waschen, schälen und fein raspeln. Mit der Joghurtsoße mischen, kurz durchziehen lassen. Mit gehackter Petersilie bestreuen.

6.52 Rettichgemüse mit Frühlingszwiebeln und Karotten

Nährend, befeuchtend und dynamisierend, bewegt Qi und Blut. Löst Stagnation, leitet nach oben. Stärkt Magen-Qi, diuretisch, befeuchtet, entspannt, baut Qi auf, verteilt. Reguliert Qi, wärmt Milz und Niere.
Kalorien p. Portion 246
Kochdauer ca. 30 Min.
Thermische Wirkung: neutral

Menge	Zutaten		
2 Stück	Karotte (Mohrrübe, Möhre)	empfehlenswert	E
1/2 Stück	Rettich schwarz	ja	M
1 Messerspitze	Ingwer Pulver	ja	M
1 Stück	Zwiebel Frühlingszwiebel	wenig	M
1 Prise	Salz	wenig	W
1 Schuß	Sojasauce	ja	W
2 EL	Zitrone Saft	ja	H
1 Prise	Curcuma (Gelbwurz)	empfehlenswert	
1 Prise	Rosenpaprika	empfehlenswert	F
1 TL	Butter Bio	weniger als angegeben	E
1/4 Liter	Wasser	ja	E
1 Tasse	Mais Grieß (Polenta)	ja	E
1 Prise	Salz	wenig	W

Kochanleitung:
In heißem Wasser, in feine Streifen geschnittene Karotten, schwarzen oder weißen fein geschnitten Rettich, eine Msp. geriebenen Ingwer 10 Minuten dünsten; währenddessen kleingeschnittene Frühlingszwiebeln, Salz, Sojasoße, etwas Zitronensaft, eine Prise Kurkuma oder Rosenpaprika und ein Stück Butter unterrühren.
Die Polenta in einen Topf mit heißem Wasser unter ständigem Rühren einrieseln bis die Polenta die gewünschte Konsistenz hat. Die Polenta vom Feuer ziehen und ca 10 min quellen lassen.

6.53 Rhabarber-Apfel-Grütze

Befeuchtet, entspannt, baut Qi auf, verteilt. Kühlt Hitze, bewahrt die Säfte, zieht zusammen. Stärkt Mittleren Erwärmer, befeuchtet. Kühlt Hitze, vertreibt Schleim, Leitet Wind Kälte und Wind Hitze aus, bewegt Ma Qi, löst Stau.
Kalorien p. Portion 180
Kochdauer ca. 15 Min.
Thermische Wirkung: kühl

Menge	Zutaten		
200 g	Rhabarber	empfehlenswert	H
300 ml.	Apfelsaft (Naturtrüb)	ja	E
30 g.	Maisstärke	ja	E
20 g.	Honig	empfehlenswert	E
1 Prise	Vanillezucker Natur	ja	E
1 Prise	Zimtpulver	empfehlenswert	M
2 Blätter	Pfefferminze	empfehlenswert	M

Kochanleitung:
Die Maisstärke mit 1/2 Tasse Apfelsaft glattrühren.
Den Rhabarber in 1 Tasse Wasser 10 min. dünsten, den restlichen Apfelsaft zugeben und mit der angerührten Stärke abbinden, nochmals aufkochen.
Mit dem Honig süßen und mit Vanille und Zimt würzen. Die Masse auf Dessertschälchen verteilen und mit Minze garnieren.

6.54 Rosmarinkartoffeln

Stärkt Qi, stärkt Milz, lindert Entzündungen, entspannt, baut Qi auf, verteilt.
Kalorien p. Portion 188
Kochdauer ca. 30 Min.
Thermische Wirkung: neutral

Menge	Zutaten		
6-8 Stück	Kartoffel	empfehlenswert	E
1 Prise	Salz Kräutersalz	wenig	W
1 EL	Olivenöl	empfehlenswert	E
1 TL	Rosmarin	ja	F

Kochanleitung:
Kartoffeln in der Länge halbieren, wenig Olivenöl auf die Schnittfläche streichen, salzen, 2 - 3 Rosmarinnadeln auf jede halbe Kartoffel streuen, Kartoffeln auf Backblech stellen und im vorgeheizten Backofen ca. 25 Minuten auf 190 Grad backen.

6.55 Rote Linsen mit Avocado und Rettich

Nährend und befeuchtend baut Qi und Säfte auf. treibt Schweiß, reduziert Blutfett, regt an, löst Stagnation.
Kalorien p. Portion 268
Kochdauer ca. 20 Min.
Thermische Wirkung: kühl

Menge	Zutaten		
2 Scheiben	Ingwer frisch	empfehlenswert	M
2 Tassen	Wasser	ja	E
1 Tasse	Linsen rot geschält	wenig	W

Menge	Zutaten		
3 cm.	Wakame	empfehlenswert	W
1 Prise	Salz	wenig	W
1 Spritzer	Zitrone Saft	ja	H
1 Prise	Curcuma (Gelbwurz)	empfehlenswert	
1 Stück	Avocado	wenig	E
1 Prise	Pfeffer (gemahlen)	ja	M
1 Prise	Rosenpaprika	empfehlenswert	F
1 Schuß	Sesamöl	wenig	E
1 Tasse	Rettich (weiß, grün, lila-rot)	empfehlenswert	M

Kochanleitung:
Etwas kleingeschnittenen Ingwer in einen Topf geben; kaltes Wasser, geschälte rote Linsen, ein Stück Wakame oder eine kleine Menge Hijiki dazugeben und gar köcheln; mit Salz, etwas Zitronensaft, Kurkuma abschmecken.
Währenddessen: ½ Avocado pro Portion auf einem Drittel des Tellers anrichten: gemahlenen Pfeffer, eine Prise Salz, etwas Zitronensaft, eine Prise Rosenpaprika, ganz wenig Sesamöl darübergeben; geraspelter Rettich auf das zweite Tellerdrittel geben; das Linsengericht in das letzte Drittel des Tellers füllen.
Variante: Radieschenscheiben an Stelle des Rettichs verwenden.

6.56 Schwarzaugenbohnen-Eintopf

Stärkt Milz und Niere; ist sehr nahrhaft. Wärmt Magen und Milz, harmonisiert den Darm, stärkt Qi-Funktion. Stärken Magen und Niere, stärkt Milz und Niere.
Kalorien p. Portion 140
Kochdauer ca. 20 Min.
Thermische Wirkung: warm

Menge	Zutaten		
1 Tasse	Schwarzaugenbohnen	empfehlenswert	W
2 Tassen	Reis Sorte beliebig	ja	M
10 Tassen	Wasser	ja	E

Kochanleitung:
Bohnen über Nacht einweichen. In einem Verhältnis von 1:2 die Bohnen mit dem Reis zusammen weich köcheln. Je nachdem, wie heiß die Flamme ist und wie dünn das Gericht sein soll, muss mehr Wasser hinzugefügt werden.

Variante: In Öl angebratene Gemüse wie Karotten, Sellerieknolle, Zwiebeln oder Lauch dazugeben.

6.57 Schwarzwurzel mit Joghurt

Nährt Yin, entspannt, baut Qi auf. Befeuchtet Trockenheit, bewahrt die Säfte.
Kalorien p. Portion 284
Kochdauer ca. 20 min
Thermische Wirkung: kühl

Menge	Zutaten		
1/2 Kg.	Schwarzwurzel	empfehlenswert	E
4 EL	Joghurt (Natur, 1,5 % Fett)	empfehlenswert	F
1 Prise	Salz	wenig	W
2 EL	Kräuter verschiedene	ja	
6 Scheiben	Mehrkornbrot (Graubrot)	wenig	H

Kochanleitung:
Schwarzwurzel schälen und in Salzwasser kochen bis sie weich sind. Das Wasser wegschütten, Schwarzwurzel auskühlen lassen und klein schneiden. Mit Joghurt übergießen und mit frischen Kräutern bestreuen. Mit dem Mehrkornbrot servieren.

6.58 Selleriesalat mit Zitrone und Olivenöl

Stärkt Magen-Qi, befeuchtet, entspannt, baut Qi auf.
Kalorien p. Portion 402
Kochdauer ca. 10 Min.
Thermische Wirkung: kühl
Therapeutisches Rezept

Menge	Zutaten		
1/2 Stück	Sellerie Knolle	empfehlenswert	E
1/2 Stück	Zitrone Saft	ja	H
4 EL	Olivenöl	empfehlenswert	E

Kochanleitung:
Sellerie reiben und mit dem Zitronensaft und Olivenöl anrichten.

6.59 Sellerie-Tomaten-Salat

Nährt Leber-Yin, produziert Körpersäfte. Bewegt Leber-Qi, kühlt Hitze, entspannt, baut Qi auf.
Kalorien p. Portion 245
Kochdauer ca. 10 Min.
Thermische Wirkung: kühl

Menge	Zutaten		
3-4 Äste	Sellerie Stangensellerie	empfehlenswert	E
4 Stück	Tomate	empfehlenswert	H
3 Blatt (frischer)	Basilikum	empfehlenswert	M
3 EL	Joghurt (Natur, 1,5 % Fett)	empfehlenswert	F

Menge	Zutaten		
1/2 EL	Olivenöl	empfehlenswert	E
1 EL	Zitrone Saft	ja	H
1 Prise	Salz	wenig	W
1 Prise	Zucker (weiß, aus Rüben)	wenig	E
1 Prise	Pfeffer (gemahlen)	ja	M
2 EL	Haselnüsse	wenig	E

Kochanleitung:
Staudensellerie putzen, evtl. Fäden abziehen und in feine Ringe schneiden. Tomaten waschen und würfeln. Für die Sauce Joghurt mit Olivenöl und Zitronensaft verrühren sowie den Gewürzen abschmecken. Vorbereitete Tomaten und Staudensellerie zur Sauce geben und vermischen. Ganze Haselnüsse fein hacken oder gemahlene Haselnüsse überdie Frischkost streuen und den Salat mit Basilikumblättern garniert servieren.

6.60 Tee Anis-Tee

Wärmt Mitte, stärkt Magen und Milz, erwärmt Magen, reduziert Kälte-Übel, harmonisiert Magen-Qi, erwärmt Niere.
Kalorien p. Portion 2
Kochdauer ca. 15 Min.
Thermische Wirkung: warm
Therapeutisches Rezept

Menge	Zutaten		
1 TL	Anis (gemeiner Fenchel)	empfehlenswert	E
1/2 Liter	Wasser	ja	E

Kochanleitung:
Wasser zum sieden bringen und wegstellen. Anis dazugeben und 10 min. ziehen lassen. Ev. mit Honig süßen. durch ein Teesieb schütten

Um eine heilsame Wirkung zu erzielen, sollte man pro Tag 2 Tassen Anis-Tee trinken.

6.61 Tee Ginseng-Tee

Stärkt Herz, Lunge, Magen, Milz, Nieren-Qi.
Kalorien p. Portion 0
Kochdauer ca. 20 Min.
Thermische Wirkung: warm
Therapeutisches Rezept

Menge	Zutaten		
2 Teebeutel	Ginseng	empfehlenswert	
1/2 Liter	Wasser	ja	E

Kochanleitung:
Eine sehr milde Form der Einnahme von Ginseng erreicht man, wenn man ihn in eine Thermoskanne mit heißem Wasser legt. Dabei kann man die Wurzel auch mehrmals verwenden, also nicht nur für eine Kannenfüllung. Idealerweise sollte man das Wasser 10 Minuten lang gekocht haben - es wird dann der Wandlungsphase Feuer zugeordnet - und Heilquellenwasser ohne Kohlensäure benutzen, wenn die Qualität des Wassers vor Ort nicht gut ist.

Einnahme: Dieser milde Ginsengtee kann zur Kräftigung den ganzen Tag über getrunken werden.

6.62 Tee Grüner

Reduziert innere Hitze, löst Schleim, entgiftet.
Kalorien p. Portion 2
Kochdauer ca. 10 Min.
Thermische Wirkung: kühl

Menge	Zutaten		
1 TL	Grüner Tee	empfehlenswert	F
1 Tasse	Wasser	ja	E

Kochanleitung:
Pro Tasse verwendet man einen Teelöffel voll oder einen Teebeutel. Grüntee nur mit 60 bis 80 °C heißem Wasser übergießen, da er sonst bitter wird.
Soll der Tee eine anregende Wirkung haben, lässt man ihn zwei bis drei Minuten ziehen. Eher beruhigend wirkt er bei einer Ziehdauer von fünf Minuten (nicht länger, sonst wird er bitter!).
Eine andere Methode: Man übergießt die Teeblätter mit ca. 70 °C heißem Wasser und gießt das Wasser sofort wieder ab. Dann einfach noch mal heißes Wasser nachgießen. Die Bitterstoffe verschwinden und der Tee bekommt ein milderes Aroma.

6.63 Tee Hagebuttentee

Stärkt Milz-Qi.
Kalorien p. Portion 2
Kochdauer ca. 10 Min.
Thermische Wirkung: warm
Therapeutisches Rezept

Menge	Zutaten		
2 EL	Hagebuttentee	empfehlenswert	H
1/2 Liter	Wasser	ja	E

Kochanleitung:
Wasser zum sieden bringen und wegstellen. Hagebutten dazugeben und 10 min. ziehen lassen. Ev. mit Honig süßen. Beim eingießen abseihen.

6.64 Tee Salbeitee

Vertreibt Schleim, leitet nach unten, Aktiviert Wei Qi, stärkt Qi.
Kalorien p. Portion 4
Kochdauer ca. 15 Min.
Thermische Wirkung: neutral
Therapeutisches Rezept

Menge	Zutaten		
2 TL	Salbei	empfehlenswert	F
1/2 Liter	Wasser	ja	E

Kochanleitung:
Wasser zum sieden bringen und wegstellen. Salbei dazugeben und 10 min. ziehen lassen. Ev. mit Honig süßen.

6.65 Vollmilch-Getreide-Brei

Nährt Säfte, befeuchtet Trockenheit, Schwächezustände, produziert Körpersäfte, befeuchtet Darm, kühlt innere Hitze. Stärkt Mitte, nährt Leber-Blut, bewahrt die Säfte, zieht zusammen.
Kalorien p. Portion 205
Kochdauer ca. 20 Min.
Thermische Wirkung: neutral

Menge	Zutaten		
200 ml.	Kuhmilch (Vollmilch 3,5 % Fett)	ja	E
50 ml.	Wasser	ja	E
20 g.	Dinkel Flocken	empfehlenswert	H
20 g.	Obstmischung Fruchtsaft	empfehlenswert	

Kochanleitung:
Die Milch mit den Vollkornflocken aufkochen und quellen lassen. Das pürierte Obst dazugeben.

Wechseln Sie zwischen Weizen, Hafer und Dinkelvollkornflocken sowie die Obstsorten. So erhalten Sie eine Vielfalt von Geschmacksrichtungen.

7 Wirkung der Lebensmittel

7.1 Zutaten verwenden: empfehlenswert

Acaipulver	393
Adzukibohnen	263
Agar-Agar, Agartang	37
Ahornsirup	268
Aloesaft	-
Angelikawurzel	-
Anis (gemeiner Fenchel)	378
Apfel (sauer)	60
Apfel (süß)	60
Apfelmus	72
Artischocke	12
Aubergine	25
Austernschalenpulver	-
Banchatee	-
Bärentraubenblätter	-
Bärlauch (Knoblauchspinat)	-
Barsch	121
Basilikum	27
Basilikum (frisch)	27
Bataviasalat	-
Beeren der Saison	-
Beerensaft	-
Benediktendistel	-
Berberitzenrindetee	-
Bier (alkoholarm)	55
Bier (alkoholfrei)	26
Bitterlikör	-
Blütenpollen	-
Bohnen (grün, frisch)	35
Bohnenkraut	50
Borretsch	21
Boxhornkleesamen	-
Brennnessel	24
Brombeere	29
Brombeere getrocknet (unreife)	-
Brot mit Johannisbrotkernmehl	222
Buchweizen	-
Buchweizen (geröstet) Kasha	-
Bulgur (Getreide)	-

Chana-Dal	-
Chenpi (chinesische Mandarinenschale)	-
Chicorée	16
Chinakohl	16
Chlorella (Süßwasser)	-
Chrysanthemenblütentee	-
Cumin (Kreuzkümmel)	411
Curcuma (Gelbwurz)	-
Dill	43
Dinkel Brot	337
Dinkel Flocken	327
Dinkel Grieß	337
Dinkel Vollkornmehl	337
Dorsch	96
Eibennuss	-
Eibisch	-
Endiviensalat	19
Enziantee	-
Erbse, grün	81
Erbsen	145
Erdbeere	37
Erdbeersaftgetränk	30
Essig (Apfelessig)	21
Essig Aceto Balsamico	21
Färberdistel (Hong Hua)	-
Färberginsterkraut	-
Fasan	143
Feldsalat	14
Fenchel	31
Fernet Branca (Kräuterbitterlikör)	-
Fisch Innereien	-
Fischreste	-
Flaschenkürbis	13
Forelle	105
Fruchtzucker (Fruktose, Traubenzucker)	406
Gagelpflaume	-
Galgant	-
Gänseblümchen	-
Gänseblut	-
Garam Masala Pulver	-
Gelatine weiss	-
Gelee Royal	-
Gemüsesaft	18

Gerste (Perlgerste) 354
Ginseng .... -
Ginsenglikör .... -
Grapefruit getrocknete Schale .... -
Graskarpfen .... -
Grundrezept für eine Fischbrühe 82
Grundrezept für eine Gemüsebrühe nahrhaft 19
Grundrezept für eine Hühnerbrühe wärmend 39
Grundrezept für eine Reissuppe (Congee) 50
Grundrezept für eine Rinderbrühe .... -
Grundrezept für eine Rinderbrühe (klar) 34
Grundrezept für eine Rindermarkknochenbrühe .... -
Grüner Tee 149
Grünkern 324
Guave .... -
Gurke (bitter) 12
Hagebutte 246
Hagebuttentee 205
Haifisch .... -
Hase 153
Hase, wild 113
Heidelbeere 37
Heidelbeersaft 37
Hibiskustee .... -
Himbeerblättertee .... -
Himbeere 34
Himbeere getrocknet (unreife) .... -
Hiobsträne (Samen) YiYi Ren .... -
Hirsch Fleisch 112
Hirsch Knochen .... -
Hirsch Nieren .... -
Hokkaidokürbis 27
Holunderbeeren 53
Holunderblütentee 237
Honig 302
Huhn Blut .... -
Huhn Magen .... -
Hüttenkäse 103
Ingwer frisch 49
Jakobstränen .... -
Jasminblütentee .... -
Joghurt (Natur, 1,5 % Fett) 48
Joghurt (Natur, 3,5 % Fett) 68

Joghurt Vanille	68
Johannisbeere (rot)	45
Johannisbeere (schwarz)	54
Johannisbeere (weiß)	38
Johannisbeernektar (schwarz)	70
Kabeljau	76
Kaktusfeige	-
Kamillentee	-
Kaninchen Fleisch	154
Kaninchen Leber	-
Kapuzinerkresse	-
Karausche	112
Kardamom	360
Karotte (Frühkarotte)	21
Karotte (Mohrrübe, Möhre)	41
Karottensaft ohne Zucker	41
Kartoffel	68
Kartoffel (mehlige)	68
Kartoffelmehl	-
Kerbel	-
Kerbel getrocknet	209
Klettenwurzeltee	-
Knoblauch	136
Kohlrübe	22
Kombualge	-
Kompott (Früchte der Saison)	-
Koriander	321
Krabbe	-
Krake	-
Kräuter bittere	-
Kräuter der Provence	-
Kräuter Wildkräuter	-
Kräuterteemischung	1
Kresse	38
Kukichatee	-
Kümmel gemahlen	333
Kumquat	71
Kürbis	27
Kurkuma (Gelbwurz)	376
Lamm Knochen	-
Lamm Nieren	-
Languste	-
Lauchzwiebel Schnittlauch	27

Leberglättertee	-
Liebstöckel	42
Liebstöckelsamen	-
Lilienzwiebel	-
Loquate/Japanische Mispel	47
Lorbeerblatt	313
Lotossamen	-
Lotoswurzeln	-
Löwenzahn (junger)	46
Löwenzahnwurzeltee	-
Luohan-Frucht	-
Lychee	76
Lychee (Konserve)	98
Lycheelikör	-
Mais (geröstet)	-
Maishaartee	-
Makannasternsamen	-
Makrele	180
Malventee	-
Mangold	23
Mascarpone	434
Meereskrebs	-
Mineralwasser	-
Miso schwarz (fermentiert)	124
Mittelmeerfisch (Kabeljau, Scholle, Schellfisch, Seeaal, Makrele)	-
Molke	25
Mu-Erh-Pilz	-
Mungobohnensprossen	24
Nelke	322
Nori, Purpurtang, Rotalge	40
Obstmischung Fruchtsaft	63
Olivenöl	897
Orange abgeriebene Schale	-
Orange getrocknete Schale	-
Orangenblüten	-
Oregano frisch	68
Oregano getrocknet	306
Paprika (süß)	24
Passionsblumenblütentee	-
Pastinake	22
Petersilie	53
Pfefferminze	43
Pfefferminztee	375

Pfeilwurzelmehl	-
Pferd Fleisch	119
Pintobohnen gesprenkelt	-
Preiselbeere	46
Preiselbeersaft	23
Qualle	-
Quitte	38
Radicchio	17
Radieschen	20
Reh Fleisch	160
Reis Gaoliangreis (Sorghum)	-
Reis Roter	-
Reis Schwarzer	-
Reis Süßer	-
Reisnudeln	109
Rettich (weiß, grün, lila-rot)	19
Rettich Meerrettich (Kren)	48
Rettichblätter (vom Wochenmarkt)	-
Rhabarber	18
Rind Fleischknochen	11
Römersalat/Lattich-Salat	-
Rosenblättertee	-
Rosenblütentee	-
Rosenpaprika	-
Rosinen	272
Rotbarsch	105
Rote Rübe	42
Rucola (Rauke)	17
Sahne sauer 10%	118
Salbei	315
Sauermilch	64
Schafmilch Joghurt	94
Schmelzkäse 12%	221
Schnaps	-
Schnecke	-
Scholle	112
Schwarzaugenbohnen	-
Schwarze Bohnen	-
Schwarzwurzel	17
Schwedenkraut	-
Schwein Blut	-
Schwein Darm	-
Schwein Haut	-

Schwein Hirn	-
Schwein Lunge	-
Schwein Magen	-
Schwein Markknochen (Röhrenknochen)	-
Schwein Schinkenspeck	500
Seegurke	-
Sellerie Knolle	17
Sellerie Stangensellerie	17
Senfsamen	-
Silbermorchel, getrocknet	-
Soja-Nudeln	325
Spargel (grün oder weiß)	15
Speiserüben	26
Stachelbeere	38
Sternanis	-
Stutenmilch	-
Süßholzwurzeltee	-
Süßwasserfisch	-
Süßwasserkrebs	-
Taube	-
Taube Ei	-
Teemischung Harnsäuresenkend	-
Thymian	-
Thymian getrocknet	276
Tomate	17
Tomatenmark	175
Tomatenpüre	17
Tomatensaft	15
Trauben rot	73
Trauben weiß	73
Traubensaft rot	73
Vanille	-
Vanillepulver	-
Vogelmiere	-
Vogerlsalat (Pflücksalat)	10
Vollkornmehl	187
Wacholderbeere	362
Wachskürbis	14
Wachtel	175
Wakame	-
Walderdbeeren	-
Wassermelone	34
Weißdorn	-

Weißfischchen ... -
Weißwurz ... -
Weizen Gras Pulver ... -
Weizengrassaft ... -
Wildkräuter ... -
Wildschwein Fleisch ... 102
Yamswurzel, Yamswurzelknolle ... -
Ysop ... -
Ziege ... 307
Ziegen- und Schafsblut ... -
Ziegen- und Schafshirn ... -
Ziegen- und Schafsleber ... -
Ziegen- und Schafsmagen ... -
Ziegen- und Schafsmilch ... -
Zimtpulver ... 261
Zimtstange ... 261
Zucchini ... 19
Zuckerersatz (Süßstoff) ... -

7.2 Zutaten verwenden: ja

Acerola Fruchtnektar oder Pulver ... 35
Agavendicksaft ... 312
Amaranth ... 374
Amaranth POPS ... 374
Ananas ... 59
Ananassaft ungezuckert ... 59
Andornkraut ... -
Apfelsaft (Naturtrüb) ... 50
Aprikose ... 42
Astronautenkost ... 418
Austern ... 72
Backpulver ... 156
Baldrian ... -
Bambussprossen ... 10
Banane ... 96
Banane Kochbanane ... 96
Bitter Lemon ... 52
Bitterklee ... -
Bitterorangenschale ... -
Blätterteig ... 418
Blattsalate (bitter) ... 16
Bocksdornfrüchte (Fructus Lycii) getrocknet ... 73

Bockshornklee	-
Brombeerblätter	-
Brombeermarmelade	267
Brösel (Weizenbrot, Semmel)	263
Brötchen (Semmel)	263
Buchweizen Vollkorn	351
Buttermilch	41
Calamari	88
Champignon	27
Chili (Schote oder gemahlen)	341
Clementinen	48
Colagetränk	60
Colagetränk (kalorienarm)	4
Couscous	345
Cranberrys	53
Curry	325
Currypaste rot	104
Dashi	167
Dinkel	320
Dornhai (Seeaal, Schillerlocken)	154
Dulse (Lappentang)	246
Eisbergsalat	13
Ente (Herz)	-
Entenei	186
Enzianwurzel	-
Erdbeermarmelade	268
Essig (Rotweinessig)	21
Essig Aceto Balsamico weiss	21
Essiggurke	16
Estragon	52
Feige	78
Feige getrocknet	239
Fenchelsamen gemahlen	348
Fencheltee	-
Fischsauce	30
Fischstücke gemischt (Süßwasser)	100
Flohsamen	10
Flunder	117
Forelle (geräuchert)	120
Früchtetee	1
Gänseei	192
Garnele	101
Gerste	354

Gerste (Nacktgerste)	354
Gerstengras Pulver	371
Gerstengraupen	350
Gerstengrütze	314
Gerstenmalz	291
Gerstenmehl	354
Getreidekaffee	-
Ginkgofrucht	-
Ginsengwurzel	-
Glühweingewürzmischung	-
Granatapfel	44
Grapefruit/Pampelmuse/Pomelo	43
Grapefruitsaft	47
Grundrezept für eine Entenbrühe	660
Hafer	389
Hafer Flocken geröstet	353
Hafer Mehl	388
Hafer Milch	45
Hafer Schrot	389
Hammel	107
Hefe	313
Heidelbeere getrocknet	72
Heidelbeermarmelade	271
Heilbutt	101
Hijiki	139
Himbeermarmelade	269
Hirse	362
Hirseflocken	369
Honigmelone	21
Hopfen	-
Huhn Ei	154
Huhn Eiweiß	50
Huhn Fleisch	102
Huhn Herz	124
Hummer	90
Ingwer Pulver	295
Johannisbeermarmelade (rot)	272
Johannisbeermarmelade (schwarz)	278
Kaffeeweißer	549
Kakao	372
Kaki-Pflaume	71
Kalmus	-
Kamille	1

Kapern (eingelegt) 23
Karambole/Sternfrucht 31
Karpfen 127
Käsepappeltee .... -
Kastanien (Maronen) 173
Kastanien Püree (Maronen) 173
Kaviar 239
Kefir 50
Kiwi 56
Klementine 33
Knäckebrot 358
Kokosmilch 24
Kopfsalat 17
Koriandergrün 266
Korinthen (rot) 21
Korinthen (schwarz) 28
Kräuter verschiedene .... -
Kuhmilch (1,5 % Fett) 45
Kuhmilch (Vollmilch 3,5 % Fett) 64
Kümmel 333
Kuzu 342
Lachs 130
Laugengebäck 340
Lavendelblüten .... -
Lindenblütentee .... -
Löffelbiskuit 416
Longane 60
Löwenzahnsaft .... -
Magermilchpulver 367
Mais375
Mais (Schnellpolenta) 330
Mais Grieß (Polenta) 345
Mais Mehl (Maizena) 368
Maisstärke 370
Majoran 46
Malz 281
Mandarine 45
Mangosaft 50
Maniokmehl 337
Maulbeerfrucht 36
Meeräsche 113
Melisse .... -
Miesmuscheln 51

Miso	198
Mispel	42
Mixed Pickels	1
Moosbeere	48
Mozzarella	266
Nektarine	56
Nudeln (Weizen) mit Ei	353
Nudeln (Weizen, Bandnudeln) mit Ei	353
Nudeln (Weizen, Lasagneblätter) mit Ei	353
Nudeln (Weizen, Spagetti) mit Ei	353
Odermennig	-
Orange	53
Orange Schale	-
Orangenmarmelade	273
Orangensaft	45
Papaya	13
Parmesan	440
Passionsfrucht (Maracuja)	79
Petersilienwurzel	33
Pfeffer (gemahlen)	255
Pfeffer Cayenne	255
Pfeffer Körner	255
Pfeffer weiss (gemahlen)	255
Piment	307
Preiselbeermarmelade	271
Puddingpulver Vanille	382
Pumpernickel	188
Pute Brustfleisch	102
Pute Schinken	102
Quinoa	343
Reis Basmatireis	334
Reis Duftreis	351
Reis Klebreis	360
Reis Langkornreis	347
Reis Rundkornreis	350
Reis Sorte beliebig	351
Reis Vollkorn	353
Reishi	27
Reismalz	316
Reismehl	351
Reisstärke	343
Rettich schwarz	19
Rind Filet	116

Rind Fleisch	148
Rind Herz	124
Rind Herz (Kalb)	114
Rind Lunge (Kalb)	94
Rind Magen	94
Rind Ochsenschwanzstücke	184
Rind Suppenfleisch	148
Rindfleisch (Kalb)	137
Roggen	312
Roggen Vollkornbrot	306
Roggenmehl	312
Rosenpaprika Pulver	306
Rosmarin	96
Rote Grütze (ohne Zucker)	118
Rotwein	77
Safran	349
Sago (Getreide)	341
Sahen 10% Kaffeesahne	203
Sanddorn	100
Sardellen/Sardine	124
Sauerampfer	27
Sauerteig	310
Schafgarbe	-
Schafgarbentee	-
Schafsmilch	102
Schlehdorn	58
Schokolade (Diabetiker)	409
Schwarzkümmel	899
Schwarztee	157
Schwein Mettwurst	-
Schwein Schinken	127
Schwein Schinken gekocht	216
Senf	143
Senf Dijon	85
Senf mittelscharf	86
Senf süß	187
Sesam, Schwarzer	594
Shrimps	80
Sojapaste (Miso)	58
Sojasauce	70
Spinat	16
Spitzwegerichtee	-
Stevia (Süßkraut)	-

Süßkartoffel	118
Tabasco	70
Tintenfisch	87
Toastbrot (Vollkorn)	259
Tomate getrocknet	105
Tonicwasser	38
Topinambur / Erdbirne	31
Traubensaft weiß	73
Trüffel	56
Tsampa (geröstetes Gerstenmehl)	336
Umeboshipaste	41
Umeboshipflaumen (Japanaprikosen)	29
Vanilleschote	261
Vanillezucker Natur	389
Wachtel Ei	154
Wasser	-
Wasser heiss	-
Weißbrot (Weizenbrot)	263
Weißbrot Baguette	263
Weißbrot Salzstangerl	263
Weißbrot Semmel	263
Weizen	321
Weizen Bulgurweizen	287
Weizen Fladenbrot	240
Weizen Flocken	321
Weizen Grieß	344
Weizen Grieß - Kindergrieß	344
Weizen Mehl	337
Weizen Mehl Vollkorn	337
Weizen/Roggen Grau- Schwarzbrot mit Hefe	337
Weizenkleie	172
Wermut	-
Wermutkraut	80
Yogitee	-
Zitrone	100
Zitrone Saft	100
Zitrone Schale	-
Zitrone, Limette	95
Zitronengras	-
Zitronenmelisse (frisch)	43
Zitronenmelisse (getrocknet)	294
Zucker braun	406
Zucker Fructose Fruchtzucker	400

Zucker Glukose Traubenzucker... 400
Zucker Melasse.. 400
Zucker Milchzucker 400
Zucker Ursüße (Zuckerrohr) süß 400
Zwieback 394

7.3 Zutaten verwenden: wenig

Ananas (aus der Dose) 88
Avocado... 233
Blumenkohl (Karfiol).. 27
Bohnenöl .... -
Borretschöl .... -
Bratöl .... -
Brie 335
Brokkoli 33
Butterschmalz... 897
Camembert... 288
Distelöl.. 899
Edamer 354
Emmentaler 398
Ente (Frühmastente, schlachtfrisch) 227
Erdnuss (geröstet) 629
Erdnüsse .... -
Erdnussöl.. 895
Feta236
Frischkäse 274
Frischkäse aus Soja 363
Frischkäse mit Kräuter 341
Gouda... 365
Gurke 13
Gurke (Gewürzgurke)... 13
Haselnüsse 656
Hering... 234
Honigwein (Met)... 110
Huhn Eigelb 354
Huhn Leber 136
Ingweröl .... -
Johannisbrotkernmehl 60
Kichererbsen.. 346
Kohlrabi 31
Kokosfett.. 894
Kokosflocken 604

Kokosnussfleisch	367
Kokosraspeln	604
Kürbiskerne	597
Kürbiskernöl	830
Lamm Fleisch	234
Lamm Leber	133
Lamm Schulter	234
Leinöl	900
Leinsamen	-
Leinsamen (geschrotet)	372
Linsen (Helmbohnen)	110
Linsen gelb	77
Linsen rot	77
Maiskeimöl	899
Malzbier	48
Mehrkornbrot (Graubrot)	211
Mohn	478
Muskatnuss	518
Müsli	359
Nachtkerzenöl	-
Nudeln (Vollkorn) mit Ei	102
Oliven	352
Oliven grün	144
Palmöl	898
Paprika (Rosenpaprika)	24
Peperoni	20
Peperoni, gelb, entkernt, halbiert	-
Peperoni, rot, entkernt, halbiert	-
Prosecco	75
Quargel 20%	125
Rapsöl	917
Reis Reisschleim	353
Reis Wilder (Naturreis)	353
Rind Leber	121
Rind Niere	116
Rosenkohl	29
Sahne sauer 20%	205
Sahne, süß 30%	322
Sake	24
Salz	-
Salz Kräutersalz	21
Sauerrahm 15% Fett	188
Schaffleisch	307

Schafskäse ... 219
Schmelzkäse 30% ... 328
Schwein Fleisch ... 336
Schwein Haxe (Eisbein) ... 194
Schwein Herz ... 89
Schwein Leber ... 124
Schwein Nieren ... 114
Sesam Paste (Tahini) ... 663
Sesam, Weißer ... 594
Sesamöl ... 896
Sesamöl geröstet ... 896
Soja Cuisine (Soja-Sahne) ... 418
Soja Tofu ... 72
Soja Tofu geräuchert ... 72
Sojabohne ... 418
Sojabohnen, Gelbe ... 418
Sojabohnen, Schwarze ... 418
Sojabohnen, Schwarze, fermentiert ... 418
Sojabohnenmilch ... 31
Sojamehl ... 418
Sojaöl ... 899
Sonnenblumenkerne ... 524
Thunfisch ... 256
Topfen 20% ... 118
Traubenkernöl ... 968
Walnussöl ... 896
Weizen Bier ... 42
Weizenkeimöl ... 879
Zucker (Staubzucker) ... 400
Zucker (weiß, aus Rüben) ... 400
Zucker Kandis weiß ... 400
Zucker Palmzucker ... 400
Zwiebel Frühlingszwiebel ... 28

7.4 Kontraindikativ wirkende Lebensmittel nicht verwenden

Aal	Austernpilze
Aal geräuchert	Bier (Altbier)
Aprikose getrocknet	Bier (Pils)
Aprikosen Marmelade	Birne
Aprikosennektar	Birnensaft

Buschbohnen
Butter (halbfett)
Butter Bio
Butterbohnen weiße
Campari
Cashewnüsse
Creme fraiche
Datteln getrocknet
Datteln rot
Erdnussbutter
Gans
Gans (Gänseklein)
Gans (Gänseschmalz)
Gorgonzola
Hafer Flocken (Vollkorn)
Hafer Schmelzlocken (Babynahrung)
Kaffee
Kirsche
Kirsche (sauer)
Kirschenkompott
Kirschsaft
Lauch (Porree)
Limabohnen
Linsen schwarz
Mandelmilch
Mandelmus
Mandeln
Mandeln Marzipan
Mango
Margarine
Margarine (Diät)
Marillen
Marillensaft
Martini
Mayonnaise 50%
Mayonnaise 80%
Mirabelle
Morchel (schwarz, getrocknet)
Mungobohne
Nierenbohnen (rote)
Okra

Paprika
Paranuss
Pfifferlinge/Eierschwammerl
Pfirsich
Pfirsich (Dose)
Pflaume
Pflaume getrocknet
Pinienkerne
Pistazien
Reineclaude
Rind Knochenmark
Rotkohl
Rum
Sahne sauer 30%
Saubohnen (Dicke Bohnen)
Sauerkirsche
Sauerkraut
Schimmelkäse
Schlagobers (30 % Fett)
Schokolade
Schwarzer Fungu Pilz
Schwein Fett
Schwein Schmalz
Sherry
Shiitake, getrocknet
Sonnenblumenöl
Stangenbohnen (Fisolen)
Steinpilz/Herrenpilz
Topfen 40%
Vollkornbrot
Walnüsse
Walnüsse geröstet
Weiße Bohnen
Weißkohl/Weißkraut
Weißwein
Wirsing/Grünkohl
Ziegenkäse
Zwetschken
Zwiebel rot
Zwiebel Schalotte
Zwiebel weiss

8 Therapeutische Kräuter und deren Wirkungen

Keine definiert

9 Kräuter aus den Rezepten und deren Wirkungen

9.1 Basilikum (frisch)

Wirkt wohltuend bei Blähungen und Übelkeit, entkrampfend und beruhigend.
Trocknet aus, leitet nach unten.

9.2 Beifuß

Reduziert Blutungen, lindert Schmerzen. In der Küche wird Beifuß als Gewürz für fettes Essen benutzt. Da er viele Bitterstoffe enthält, kurbelt er die Fettverbrennung an und fördert die Verdauung.

9.3 Bohnenkraut

Magenstärkend und antibakteriell, beruhigend und appetitanregend. Stärkt die Abwehr. Tonisiert das Nieren-Yang, das Herz-Qi, den Magen und das Milz-Qi und erwärmt die Mitte, bewegt das Leber-Qi und das Blut, leitet Schleim und Kälte aus der Lunge, öffnet die Oberfläche, leitet Wind-Kälte aus.

9.4 Brennnessel

Fördert Wasserlassen, Tee oder Pflanzenhaft wirkt blutreinigend, entschlackend, reinigt die Nieren, unterstützend bei Prostatabeschwerden, hemmen die Bildung von Entzündungsstoffen, wirkt schmerzlindernd.
Senkt Qi ab, trocknet aus, leitet nach unten.

9.5 Koriander

Fördert Verdauung.
Schweiß treibend, reduziert Wind.

9.6 Kresse

Harntreibend, unterstützt das Wasserlassen.

Bewegt Qi und Blut, diuretisch, kühlt bei innerer Hitze, befeuchtet Lunge, löst Stagnation, leitet nach oben.

9.7 Lauchzwiebel Schnittlauch

Bakterizid, beugt Krebs vor, stärkt Magensaftproduktion, fördert Verdauung und Durchblutung, fördert das Wachstum, löst Stagnation. Leitet nach oben.

9.8 Liebstöckel

Regt Verdauung an, reduziert Schmerzen.
Reduziert inneren Wind, Feuchtigkeit, löst Stagnation, leitet nach oben.

9.9 Lilienzwiebel

Beruhigt Nerven.

9.10 Löwenzahn (junger)

Entgiftet, lindert Entzündungen.
Kühlt Leber-Hitze, reduziert innere Hitze, weicht Knoten auf.

9.11 Makannasternsamen

Stärkt Milz, lindert Diarrhö, reduziert Ausfluss.

9.12 Petersilie

Regt Leberfunktion an, entgiftet.
Nährt Blut und Leber, harmonisiert Leber und Milz, stärkt Sehkraft, bewahrt die Säfte, zieht zusammen.

9.13 Pfefferminze

Entkrampft, befreit Lunge und Nase (Inhalieren), reguliert Zyklus.
Kühlt Hitze, vertreibt Schleim, Leitet Wind Kälte und Wind Hitze aus, bewegt Ma Qi, löst Stau.

9.14 Rosmarin

Fördert Verdauung, stärkt Lunge, Milz und Niere.
Trocknet aus, leitet nach unten. Stärkt Herz, Lunge und Milz-Qi, Stärkt Leber-Blut. Stärkt Herz-Yin. Vertreibt Milz Hitze/Kälte Feuchtigkeit. Stärkt Milz- und Nieren-Yang

9.15 Salbei

Trocknet aus, gegen Hefepilzinfektionen.
Vertreibt Schleim, leitet nach unten, Aktiviert Wei Qi, stärkt Qi.

9.16 Sauerampfer

Adstringierend, blutbildend, blutreinigend, harntreibend, Fieber, Leberschwäche, Magenbeschwerden, Verdauungsschwäche, Verstopfung, Durchfall, Würmer, Skorbut, Blutarmut, Frauenbeschwerden, Wunden, Hautausschläge, Pickel, Furunkel, Geschwüre, Schwellungen
Bewahrt die Säfte, zieht zusammen.

9.17 Thymian getrocknet

Stärkt Lunge und Milz.

9.18 Yamswurzel, Yamswurzelknolle

Baut Lunge, Milz, Niere auf.

10 Grundlagen der Ernährung

Die hier beschriebenen Grundlagen der Ernährung zeigen allgemeine Empfehlungen und beziehen sich nicht auf eine spezielle Therapieform. Die Empfehlungen der Therapie haben Vorrang.

10.1 Ernährung

Die regelmäßige Einnahme von Mahlzeiten in entspannter Atmosphäre. Ein wärmendes Frühstück gilt als guter Start in den Tag. Mittags sollte die Hauptmahlzeit stattfinden - das Abendessen am frühen Abend.

Die Beachtung von Hunger- und Sättigungsgefühlen: Nicht überessen und nicht hungern, so lautet die Regel.

Die frische Zubereitung der Speisen aus naturbelassenen, regionalen Produkten. Tiefgekühlte, hitzekonservierte, industriell vorgefertigte oder mikrowellengarte Lebensmittel werden abgelehnt.

Die Auswahl von Lebensmittel nach der Jahreszeit: Im Sommer mehr kühlende Nahrung, im Winter mehr wärmende Nahrung.

Mindestens zweimal am Tag Gekochtes essen. Speisen und Getränke sollen möglichst handwarm, niemals eiskalt oder heiß sein.

Rohkost, kurz gegartes Gemüse, frisch gepresste Säfte und Mineralwasser werden üblicherweise nicht empfohlen. Milch und Milchprodukte stehen nur dann auf dem Speiseplan, wenn sie problemlos vertragen werden.

Therapeutische Rezepte nicht über einen längeren Zeitraum ohne Rücksprache mit dem Arzt oder Therapeuten einnehmen.

1. Vielseitig essen
Lebensmittelvielfalt genießen. Merkmale einer ausgewogenen Ernährung sind abwechslungsreiche Auswahl, geeignete Kombination und angemessene Menge nährstoffreicher und energiearmer Lebensmittel. (Einerseits Schutz vor Unterversorgung mit essentiellen Nährstoffen und andererseits Schutz vor einer überhöhten Zufuhr unerwünschter Inhaltsstoffe.)

2. Reichlich Getreideprodukte - und Kartoffeln
Brot, Nudeln, Reis, Getreideflocken (am besten aus Vollkorn), sowie

Kartoffeln enthalten kaum Fett, aber reichlich Vitamine, Mineralstoffe, Spurenelemente sowie Ballaststoffe und sekundäre Pflanzenstoffe. Diese Lebensmittel sollten mit möglichst fettarmen Zutaten verzehrt werden.

3. Gemüse und Obst - Nimm "5" am Tag ...

5 Portionen Gemüse und Obst am Tag, möglichst frisch, nur kurz gegart, oder auch eine Portion als Saft – idealerweise zu jeder Hauptmahlzeit und auch als Zwischenmahlzeit: Damit werden reichlich Vitamine, Mineralstoffe sowie Ballaststoffe und sekundären Pflanzenstoffe (z.B. Carotinoiden, Flavonoiden) zugeführt. Das Beste, was man für die eigene Gesundheit tun kann.

4. Täglich Milch und Milchprodukte, ein- bis zweimal in der Woche

Fisch; Fleisch, Wurstwaren sowie Eier in Maßen. Diese Lebensmittel enthalten wertvolle Nährstoffe, wie z.B. Calcium in Milch, Jod, Selen und Omega-3-Fettsäuren in Seefisch. Fleisch ist wegen des hohen Beitrags an verfügbarem Eisen und an den Vitaminen B1, B6 und B12 vorteilhaft. Mengen von 300 - 600 g Fleisch und Wurst pro Woche reichen hierfür aus. Fettarme Produkte bevorzugen, vor allem bei Fleischerzeugnissen und Milchprodukten.

5. Wenig Fett und fettreiche Lebensmittel

Fett liefert lebensnotwendige (essenzielle) Fettsäuren und fetthaltige Lebensmittel enthalten auch fettlösliche Vitamine. Fett ist besonders energiereich, daher kann zu viel Nahrungsfett Übergewicht fördern, möglicherweise auch Krebs. Zu viele gesättigte Fettsäuren fördern langfristig die Entstehung von Herz-Kreislauf-Krankheiten. Pflanzliche Öle und Fette bevorzugen (z.B. Raps-, Oliven- und Sojaöl und daraus hergestellte Streichfette). Auf unsichtbares Fett achten, das in Fleischerzeugnissen, Milchprodukten, Gebäck und Süßwaren sowie in Fast-Food- und Fertigprodukten meist enthalten ist. Insgesamt 70 - 90 Gramm Fett pro Tag reichen aus.

6. Zucker und Salz in Maßen

Nur gelegentlich Zucker und Lebensmittel, bzw. Getränke verzehren, die mit verschiedenen Zuckerarten (z.B. Glucosesirup) hergestellt wurden. Kreativ mit Kräutern und Gewürzen und wenig Salz würzen. Jodiertes Speisesalz bevorzugen.

7. Reichlich Flüssigkeit

Wasser ist absolut lebensnotwendig. Jeden Tag rund 1-2 Liter Flüssigkeit trinken. Wasser (ohne oder mit Kohlensäure) und andere kalorienarme Getränke bevorzugen. Alkoholische Getränke sollten nicht konsumiert werden.

8. Schmackhaft und schonend zubereiten
Die jeweiligen Speisen bei möglichst niedrigen Temperaturen garen, soweit es geht kurz, mit wenig Wasser und wenig Fett - das erhält den natürlichen Geschmack, schont die Nährstoffe und verhindert die Bildung schädlicher Verbindungen.

9. Sich Zeit nehmen und das Essen genießen
Bewusstes Essen hilft, richtig zu essen. Auch das Auge isst mit. Sich beim Essen Zeit lassen. Das macht Spaß, regt an, vielseitig zuzugreifen und fördert das Sättigungsempfinden.

10. Auf das Gewicht achten und in Bewegung
Ausgewogene Ernährung, viel körperliche Bewegung und Sport (30 bis 60 Minuten pro Tag) gehören zusammen. Mit dem richtigen Körpergewicht fühlt man sich wohl und fördert die Gesundheit.
Thermik, Wirkrichtung, Verdauungskraft
Es gibt unterschiedliche Kriterien, die Wirksamkeit von Kräutern und Lebensmittel zu beurteilen. Der Einsatz der Kräuter und Zutaten basiert auf Beobachtung, was die Lebensmittel, Kräuter und Gewürze nach ihrem Verzehr im Körper bewirken. In der Medizin hat sich daraus folgendes System entwickelt: Jede Zutat oder Kraut hat eine Wirkrichtung. Außerdem gibt es noch Kräuter, die eine besondere Wirkung auf bestimmte Organe haben.

Voraussetzung für einen gesunden Stoffwechsel ist es, darauf zu achten, dass wir ausreichend Energie aus der Nahrung gewinnen und der Verdauungsprozess so wenig Energie wie möglich verbraucht. Eine bekömmliche Mahlzeit macht zufrieden und satt, verursacht keine Blähungen und keine Müdigkeit nach dem Essen. Richtiges Würzen erhöht die Bekömmlichkeit unserer Speisen. Es genügen oft schon geringe Mengen an Kräutern und Gewürzen. Sie dienen nicht dazu, uns satt zu machen, sondern helfen unseren Verdauungsorganen, die Nahrung zu verdauen.

10.2 Rezepte
Die Rezepte zeigen Ihnen welche Zutaten verwendet werden, sowie mit der Kochanleitung wie diese zubereitet werden. Bei den Zutaten wird neben den Mengenangaben auch die Wichtigkeit für die Therapie, das Wärmeverhalten sowie das Element angezeigt. Wenn dabei angezeigt wird "weniger als angegeben" versuchen Sie diese Empfehlung

einzuhalten oder eine Alternative aus der Liste der "Empfohlenen Lebensmittel" zu finden. Meistens ist es nur eine leichte geschmackliche Änderung wenn Sie diese Zutat gänzlich weglassen.

Schonende Kochmethoden: Kochen, dämpfen, pochieren, dünsten
Scharfe Kochmethoden: Grillen, rösten, anbraten, räuchern
Ausgeglichene Kochmethoden: Frittieren, Römertopf

Auf das Einfrieren und erwärmen in der Mikrowelle sollte verzichtet werden (Denaturierung).

10.2.1 Rezepte nach Folge der Elemente kochen

In der TCM werden die Zutaten der Rezepte möglichst in der Reihenfolge der Elemente verwendet, welches eine erhöhte Bekömmlichkeit und energetische Qualität ergibt. Den Beginn macht die Kochmethode mit der begonnen wird. Wird in einer Pfanne oder Topf etwas erwärmt ist das Element das Feuer. Diese 5 Elemente stehen in Beziehung zueinander und haben eine natürliche Reihenfolge, die den Jahreszeiten entspricht.
Metall - Wasser - Holz - Feuer - Erde.
So stärkt das jeweilige Element das das ihm nachfolgende. Die Zutaten können dann in Gruppen der jeweiligen Elemente beigegeben werden. Es sollten nach Möglichkeit immer alle 5 Elemente in einer Speise vorhanden sein. Das Element mit dem man aufhört, ist am wirksamsten. Das bedeutet, gebe Sie am Ende noch etwas Petersilie über das Gericht, hat es den größten Einfluss auf die Leber, da sowohl Petersilie als auch die Leber zum Holzelement zählen.

Wenn Sie nach dieser Methode kochen wollen, sollten Sie bei einem TCM-Ernährungsberater oder einem TCM-Kochkurs weitere Feinheiten kennen lernen. Grundlagen sehen Sie auf:
https://de.wikipedia.org/wiki/Fünf-Elemente-Lehre

Organ	Element
Leber, Galle	Holz
Herz, Dünndarm	Feuer
Milz, Magen	Erde
Lunge, Dickdarm	Metall
Nieren, Blase	Wasser

10.3 Lebensmittel

In der Traditionell Chinesischen Medizin werden alle Lebensmittel den 5 Elementen Holz, Feuer, Erde, Metall und Wasser zugeordnet.

Lebensmittel wirken wie Heilkräuter auf Körper und Geist, nur wesentlich sanfter. Die Ernährungsberatung stützt sich hauptsächlich auf heimische Lebensmittel. Das Wissen über die Wirkungsweisen jedes einzelnen Lebensmittels und das Wissen wann welche Lebensmittel zur Anwendung kommen, entstammt der Schulmedizin. Verwende Sie möglichst Erzeugnisse aus ökologischen-biologischem Landbau.

Da wegen der besseren Verdaulichkeit grundsätzlich alles lange gekocht und kaum roh gegessen wird, ist die Verträglichkeit hervorragend.

Die Einteilung der Lebensmittel entsprechend ihrer Wirkung auf den Körper und bildet die Basis, um einen ausgewogenen und harmonischen Gesundheitszustand im Körper zu erreichen.

Grundsätzlich empfiehlt die Ernährungsberatung keine bestimmten Lebensmittel für Jedermann. Ausschlaggebend für den individuellen Speiseplan ist vor allem die persönliche Konstitution.

Kaufen Sie nur frisches und reifes Obst und Gemüse ein. Braune Stellen, welke Blätter aber auch unreifes Obst und Gemüse sollten Sie im Supermarkt zurücklassen. Greifen Sie dann zu Tiefkühlware (keine Fertiggerichte!). Tiefkühlobst und -gemüse werden kurz nach dem Ernten schockgefroren und enthalten deshalb oftmals mehr Vitamine und Mineralstoffe, als die Ware aus der Obst- und Gemüsetheke! Konserven- und Dosenware dagegen enthält wesentlich weniger Biostoffe. Zudem werden Letztere meist mit Salz, Zucker usw. angereichert. Lassen Sie die Zutaten nach dem Waschen nie im Wasser liegen, denn so gehen viele Vitalstoffe ins Wasser über! Putzen Sie Salate, Früchte und Gemüse erst unmittelbar vor Verzehr.

Beachten Sie bitte die hygienische Verarbeitung der Lebensmittel. Waschen Sie Ihre Salate, Früchte und Gemüse gründlich. Bei Gerichten mit Fleisch bereiten Sie zuerst die Zutaten vor und verarbeiten dann die Fleischprodukte. Reinigen Sie danach die Arbeitsflächen und Werkzeuge besonders gründlich. Holzunterlagen sollten regelmäßig mit leichtem Desinfektionsmittel behandelt werden um die Keimbildung einzuschränken.

Bewahren Sie Obst und Gemüse möglichst getrennt voneinander auf. Auch geerntete Früchte und Gemüse leben und strömen z.B. Ethylengas aus, das andere Sorten schneller reifen und altern lässt. Fleisch und Fisch in der verschlossenen Verpackung lassen oder in luftdichten Boxen im Kühlschrank aufbewahren.

10.4 Kräuter

Bei der Aufbewahrung und Lagerung von Heilkräutern, müssen gewisse Grundregeln beachtet werden. Grundsätzlich müssen Heilkräuter geschützt vor direkter Sonneneinstrahlung, vor Feuchtigkeit und vor heißen Temperaturen gelagert werden.

Als Gefäße für die Lagerung von Heilkräutern können Gläser, Keramik-Behälter und zur Not auch Plastik-Dosen eingesetzt werden. Plastik ist aber ein sehr unreines Material und sollte daher wirklich nur eine kurzfristige Notlösung sein. Bei Glasbehältern ist darauf zu achten, dass dunkles Glas verwendet wird.

Heilkräuter können nicht beliebig lange aufbewahrt werden. Die Haltbarkeit von Heilkräutern ist auf jeden Fall begrenzt. Durch die Haltbarkeitsdauer kann durch sachgerechte Lagerung wesentlich erhöht werden. So soll der Lagerplatz dunkel, eher kühl und absolut trocken sein. Ein Medizinschrank aus Holz, der nicht direkt bei einer Wärmequelle platziert ist wäre ideal. Um Ihre Heilkräuter nicht wegwerfen zu müssen, kaufen Sie nicht zu große Mengen an Heilpflanzen. Beschriften Sie die Behälter mit dem Namen des Heilkrauts und dem Datum der Ernte bzw. der Verarbeitung.

11 Weitere Ernährungsvorschläge

Folgende Syndrome der Diätetik, der TCM oder als Therapieergänzung bei Krebs sind verfügbar.

DIÄTETIK
1. Ernährung des Säuglings - Beikost
2. Ernährung in der Stillzeit
3. Ernährung im Alter
4. Ernährung von Kindern und Jugendlichen
5. Ernährung von Sportlern
6. Leichte Vollkost
7. Schwangerschaft
8. Vollkost

Eiweiß und Elektrolyt – Nieren
9. (Hämo-)Dialysebehandlung
10. Akutes Nierenversagen
11. Chronische Niereninsuffizienz
12. Nephrotisches Syndrom
13. Nierensteine (Nephrolithiasis)

Gastrointestinaltrakt - Bauchspeicheldrüse
14. Akute Pankreatitis (Entzündung der Bauchspeicheldrüse)
15. Chronische Pankreatitis (Entzündung der Bauchspeicheldrüse)

Gastrointestinaltrakt - Dünndarm und Dickdarm
16. Akute Obstipation (Verstopfung)
17. Chronische Obstipation (Verstopfung)
18. Colon irritabile
19. Divertikulitis
20. Erworbene Laktoseintoleranz (Laktosemalabsorption)
21. Fruktosemalabsorption
22. Glutensensitive Enteropathie (Zöliakie)
23. Kolektomie
24. Kurzdarmsyndrom

Gastrointestinaltrakt - Leber, Gallenblase, Gallenwege
25. Akute und chronische Hepatitis (Entzündung der Leber)
26. Cholelithiasis (Gallensteine)
27. Fettleber
28. Leberzirrhose

Gastrointestinaltrakt - Magen und Zwölffingerdarm
29. Akute Gastritis
30. Chronische Gastritis
31. Magenblutung
32. Ulcus ventriculi und Ulcus duodeni
33. Zustand nach Magenoperation

Gastrointestinaltrakt - Mundhöhle und Speiseröhre
34. Mundschleimhautentzündung
35. Ösophaguskarzinom (Speiseröhrenkrebs)
36. Reflüxösophagitis (Sodbrennen)

spezielle Krankheiten
37. Phenylketonurie (PKU)

38. Rheumatische Gelenkserkrankungen
Stoffwechsel
39. Adipositas (Übergewicht)
40. Diabetes mellitus
41. Essstörungen (Untergewicht)
Fettstoffwechsel
42. Hypercholesterinämie (erhöhter Cholesterinspiegel)
43. Hepatische Enzephalopathie
Herz- und Kreislauf
44. Arteriosklerose (Arterienverkalkung)
45. Herzinsuffizienz
46. Hypertonie (Bluthochdruck)
47. Hyperurikämie und Gicht
veränderter Nährstoffbedarf
48. bei Fieber
49. bei malignen Erkrankungen
50. nach Verbrennungen
51. Strahlen- und Chemotherapie

KREBS
100. Bauchspeicheldrüse
101. Blasenkrebs
102. Blutkrebs (Leukämie)
103. Brustkrebs
104. Darmkrebs
105. Magenkrebs
106. Nierenkrebs
107. Speiseröhrenkrebs

TCM
200. Blase - Feuchte Hitze in der Blase
201. Blase - Feuchtigkeit und Kälte in der Blase
202. Blase - Leere und Kälte in der Blase
203. Dickdarm - äussere Kälte befällt den Dickdarm
204. Dickdarm - Feuchte Hitze im Dickdarm
205. Dickdarm - Hitze blockiert den Dickdarm II akut
206. Dickdarm - Trockenheit des Dickdarms
207. Dickdarm - Yang Mangel (Kälte)
208. Herz - Blut Mangel
209. Herz - Blut Stagnation
210. Herz - Feuer
211. Herz - Heisser Schleim verstopft die Herzporen
212. Herz - Kalter Schleim verstopft die Herzporen
213. Herz - Qi Mangel
214. Herz - Yang Mangel
215. Herz - Yin Mangel
216. Leber - aufsteigender Leber-Yang
217. Leber - Blut-Mangel
218. Leber - Blut-Stagnation
219. Leber - feuchte Hitze in Leber und Gallenblase
220. Leber - Feuer
221. Leber - Gallenblase Qi-Leere
222. Leber - Kälte im Lebermeridian

223. Leber - Qi-Stagnation
224. Leber - Wind
225. Leber - Wind mit aufsteigendem Leber Yang
226. Leber - Wind mit Blutleere
227. Leber - Wind mit extremer Hitze
228. Lunge - Qi Mangel
229. Lunge - Schleim-Feuchtigkeit in der Lunge
230. Lunge - Schleim-Hitze in der Lunge
231. Lunge - Schleim-Kälte in der Lunge
232. Lunge - Trockenheit der Lunge
233. Lunge - Wind-Hitze befällt die Lunge
234. Lunge - Wind-Kälte befällt die Lunge
235. Lunge - Yin Mangel
236. Magen - Blutstagnation
237. Magen - Feuer
238. Magen - Magenkälte mit Flüssigkeit
239. Magen - Nahrungsstagnation
240. Magen - Qi Mangel
241. Magen - rebellierendes Magen Qi
242. Magen - Yin Leere
243. Milz - Hitze und Feuchtigkeit befällt die Milz
244. Milz - Kälte und Feuchtigkeit befällt die Milz
245. Milz - Qi Mangel
246. Milz - Qi Mangel + Absinkendes MilzQi
247. Milz - Qi Mangel + Milz kontrolliert das Blut nicht
248. Milz - Yang Mangel
249. Niere - Herz und Niere kommunizieren nicht mehr
250. Niere - Jing Mangel
251. Niere - Nieren können das Qi nicht empfangen
252. Niere - Qi ist nicht fest
253. Niere - Yang Mangel
254. Niere - Yin Mangel

12 EBNS - Software für die Ernährungsberatung

Die Hauptaufgabe der Datenbank ist eine **„personalisierte Ernährungsberatung"** für jeden Patienten individuell. Die Datenbank wurde für die Diätetik und Traditionellen Chinesischen Medizin entwickelt. Sie Unterstützt bei der Ausbildung und Beratung im Arbeitsalltag.

Das Computerprogramm liefert Listen von Rezepten, Zutaten und Kräuter, welche dem Klienten mitgegeben werden. Individuell nach Patienten-Wunsch von Vollkost bis Vegetarier (Lacto-, Ovo-, ...) einstellbar. Zu jedem Register gibt es ein INFOBLATT welches einmal dem Klienten mitgegeben werden kann.

Die Syndrome sind kombinierbar und ergeben eine Schnittmenge der empfehlenswerten Rezepte und Zutaten. Die automatisierte Diagnose für die TCM ermöglicht Ihnen während der Ausbildung Ihre Erfahrungen zu überprüfen sowie im Arbeitsalltag ihre Diagnose zu bestätigen. Sie wählen mehrere vordefinierte Symptome und lassen sich vom Programm die relevanten Syndrome automatisch anzeigen.

Wie Sie mit der Datenbank arbeiten können:
Sie können alle Werte verändern, neue Symptome oder Syndrome anlegen, Rezepte entwickeln, verändern oder Zutaten und Kräuter an Ihre Erkenntnisse anpassen. In der einfachen Klientenverwaltung werden alle relevanten Daten zu der Person gespeichert. Sie bekommen einen Überblick über die zurückliegenden Diagnosen und die Entwicklung des Krankheitsverlaufes.

Als Berater sparen Sie viel Zeit, wenn Sie für die erkannten Syndrome die Rezept-, Lebensmittel- und Kräuterlisten ausdrucken und den Klienten mitgeben. Diese Zeit können Sie für das persönliche Gespräch nutzen.

Alle Rezept- und Lebensmittellisten können Sie auch als Kombination mehrerer Erkrankungen bestellen. Mit der Datenbank können Sie außerdem für jedes Rezept die Nährstoffe und Spurenelemente angezeigt bekommen und Rezepte für Syndrome selbst mit vorgeschlagenen Zutaten entwickeln.

Weitere Informationen finden Sie auf http://www.ebns.at.
Josef Miligui, Tel.: +43 660 121 05 00